Trois aspects de la pensée des lumières
——Voltaire, Diderot, Rousseau

啓蒙思想の三態

ヴォルテール、ディドロ、ルソー

市川慎一
Ichikawa Shin-ichi

新評論

序文

慶應義塾大学文学部教授／十八世紀フランス文学
鷲見洋一

市川慎一は数十年来の友人であり、同学の先輩である。

初めて出会った時、私はまだ博士課程の学生だった。たまたま日本フランス語フランス文学会の「十八世紀分科会」で、修士論文の一部について、ディドロ『ラモーの甥』を中心に発表したことがある。一九六六年の六月頃か。場所はたしか立教大学だった。当時、日本の十八世紀研究で主導的立場にあったのは、東京都立大学のマルクス主義者小場瀬卓三先生で、この時も発表者の私のすぐ向かい、正面第一列目に陣取り、手痛い質問をされて、最初の洗礼を浴びたのを覚えている。私の直後に報告したのが、京都の中川久定さんだった。私にとってまことに不幸なことに、中川さんも『ラモーの甥』を論じ、質疑で小場瀬先生から何か言われても、まるで動ぜずに平然と答えていた姿が印象的で、早くも格の違いを見せつけられた。

分科会が終了し、学会デビューを何とか果たしてホッとしている私のところに、中川さんと市川さんが来てくれ、三名で池袋界隈の喫茶店に入ったのが、我々の最初の付き合いだった。聞けば、市川さんはすでにフランス政府給費留学生試験に合格し、本場で啓蒙主義について学ぶ意欲や抱負を頼もしく語っていた。

当時の十八世紀研究は、戦後華々しく息を吹き返したマルクス主義系の研究が大きな意味を持ち、中川さんも市川さんも、小場瀬卓三先生のような筋金入りの左翼といったスタンスではないにせよ、ルカーチ、リュポール、ルフェーブルなどの名前を挙げて熱っぽく語っていたが、市川さんより五歳若い私はそのあたりに完全に疎くて、ただただボーッとしていたのではないかと思う。同時にその頃は、映画の「ヌーヴェル・ヴァーグ」にも匹敵する新しい啓蒙研究の成果が、日本の岸辺にも大きな波となって押し寄せていた。ハーバート・ディークマン、ジャック・プルースト、ジャン・スタロバンスキー、ミシェル・フーコー、ロベール・モージなどが次々に刊行する超大作、問題作である。市川さんや私の駆け出しの頃というのは、そのような時代だった。

それから間もなくして、今度は私自身が留学生試験をクリアーし、一足先にモンペリエ大学に留学している市川先輩の後を追う形で、南フランスに向かうことになった。当時、モンペリエ大学には、ディドロと『百科全書』研究の権威であるジャック・プルーストが君臨していた。聞けば中川久定さんは、すでにパリ留学時代に、ソルボンヌで助手をしていた頃のプルーストの謦咳に接し、プルーストが岩波書店から刊行された桑原武夫監修の『フランス百科全書の研究』に対して厳しい批判を浴びせるのを、直接耳にされていたのであった。

モンペリエ大学の文学部にプルースト教授を慕って集まる日本人留学生は、その後も後を絶たなかったが、市川慎一はその第一号であり、文字通りの一番弟子だった。東大の原好男氏と慶應義塾大学の私が二番手で、この三名の十八世紀研究者の卵に、やはり東大から来た白井泰隆氏が加わって、後に日本で le Bataillon de Montpellier（モンペリエ大隊）と呼ばれる強固な絆で結ばれたグループが形成されたのである。白井泰隆氏はもともとルネッサンス研究の学徒だが、指導を仰ぐべき教授がすでに引退していたため、ゼミも授業もなく、いきおい我々に混じってプルースト・ゼミの常連になってしまった。

　市川氏のモンペリエ滞在は、一九六六年から一九六九年までの三年間にわたる。何しろ、我々四名は同じ大学都市の同じ棟の同じ階に、まとめて個室を貰っていたから、お互いプライヴァシーなどというものは一切なく、誰が何時に起きて、何をしているか、夜は何時に消灯したかまで、すべて筒抜けの共同生活だった。その私から見てはっきり言えることは、市川さんぐらい、留学の三年間をフル活用して、多種多様な活動を展開した給費留学生は、少なくともそれまではいなかったのではないだろうか。

　昼間はよく勉強し、夜は「大隊」の兵士を集めて酒盛りをするのは言うまでもない。かてて加えて、市川さんはよくアルバイトをしていたようだ。日本の商社や企業が蝟集するパリならいざ知らず、当時はまったくの田舎町だったモンペリエやその周辺で、仕事を見つけるだけでも神業であると言っていい。こういうエピソードがあるのだ。留学生のために日曜日に企画されるバス・ツアーで、近郊のとある寒村に立ち寄ったとき、寂れたカフェでコーヒーを求めたところ、屯していた村人数名が市川さんに親しげに声をかけるではないか。少し前、モンペリエ市で開催された農業見本市に、日本のメーカーが出品していた農業機具のコーナーで、市川さんは通訳をしていたのだった。我々兵卒が唖然として、大隊長への敬慕の念を深めたのは言うまでもない。

　さらに、この親分が身をもって範を示し、兵卒にも倣うように促したのは、大中小さまざまの旅行だった。彼はポリグロットであり、英語、フランス語の他に、ドイツ語、イタリア語、スペイン語をこなした。とりわけスペイン語は読み書き話す、いずれも達者だった。もともとラテン気質が合う人なのだ。まだ新幹線のないこの時代は、南仏ラングドック地方からだと、パリよりもバルセロナが近い。一隊は何度となく、車や列車でこのカタローニャ地方の中心地に足を運び、親分の流暢な通訳で、宿や食や酒や観光まで、一切合切の世話になったものだ。通貨のペセタは安く、給費留学生のわずかなお小遣いでも、何とか遊べたのである。

フランス文学の学徒が外国で旅行をすると、えてして塡りやすい型がある。永井荷風、辻邦生たち仏文系文学者の流れを汲んで、旅の経験を「それらしい」エッセイや紀行文に昇華させるという、よくあるケースだ。あまた書かれるパリ論やイタリア滞在記などを読むと、一体、著者のフランス文学者たちは、はじめから本を書くという「下心」を秘めてヨーロッパに行くのか、行った結果が「たまたま」書物になったのか、訝しく思えることもしばしばである。

市川慎一はそうした文学趣味やハイカラ趣味とは一切無縁の存在である。わが大隊長は、こと旅行となると、徹底したプラグマチストだった。早起きして宿を出ると、早速、目的地目指して歩き始める。足取りは速く、ほとんど走っているに近い。ミシュランのガイドブックを片手に、星の多い順に、観光名所を次々と撃破し、昼と夜は安くて美味い店を必ず見つけ出しては、住所、電話、行き方、メニューをこまめに手帳に書き留める。気に入った店があると、そこに足繁く通い、一年後でもまた足を運ぶ、というパターンである。どこかセカセカしているが、そういう印象まで含めて、これが市川慎一の思想と方法の真骨頂なのである。悠久の街パリで、ゆったりと散歩・思索・叙情する森有正などという知識人とは、ほとんど対極に位置すると言っていい旅行者なのだ。

さらに、市川氏には独特の人懐っこさと嗅覚があって、行き先の町に住むネイティヴや日本人と仲良くなると、徹底的に付き合い、かつまた徹底的に利用する。そして、相手が彼を頼って南仏に来れば、これまた徹底的に面倒を見るのである。

こうした異国探訪への趣味は、市川慎一の精神の奥深くに大きな場所を占めるに至ったばかりか、その学問や職業にも深い関わりを持つようになる。帰国して早稲田大学に就職してから、フランス語やフランス文学を研究し教育する大学教師として、これまで市川がやってきたことと、私を含めた彼以外の同業者がやっていることの間に、さしたる違いがあるとは思えない。授業をし、研究論文を書き、雑用をこなし、著書や翻訳を出す。唯一、違いがありうるとすれば、両者にとっての外国出張の意味合いをめぐってであろう。私を含め、凡百の仏文学者が外国に行くのは、物見遊山を別にすれば、国際学会に参加するためか、パリの国立図書館や国立古文書館で資料を読むためのどちらかである。市川氏はまず、皆が行く、あるいは行きたがるフランスやパリを特権視しない。また国際学会や研究集会なるものを好まない。これは日本でも同じで、日本フランス語フランス文学会や日本十八世紀学会なども、会員籍は捨てず、年会費は払っているようだが、会場では滅多に見かけない。関東地区で不定期に開かれる「十八世紀の会」にも、ほとんど顔を見せない。市川氏が出かけるのは、常に単独であり、自分と似たような同業者が見あたりそうにない外国、すなわちカナダ、メキシコ、スペインの大学が多く、出張の目的も、英語か、フランス語か、それ以上にしばしばスペイン語で、講演や集中講義をするためなのである。何について喋るのか。たまにはディドロやルソーの話もしているようだが、圧倒的に多いのは、大江健三郎論だったり、沖縄文学だったり、源氏以来の日本文学史だったり、あるいはヨーロッパ文化の日本伝来や移入をめぐる東西文化交流問題であったりする。

そうした、どちらかというと一匹狼に徹した「発信型」と呼ばれる外国出張が実現するためには、現地に知り合いがいて、講演や集中講義をお膳立てしてくれる体勢が確立しているからであろう。市川慎一の国際ネットワークは、日本や世界の「仏文学会」、「十八世紀学会」や「ディドロ学会」、あるいは「大使館文化部」といった、公的権威や組織とは一切無縁な、どちらかというとプライヴェートな色彩が濃い様相を呈しているようだ。サラマンカやメキシコで、東西交流史や日本文学史をスペイン語で講じる市川は、これまでのどんな日本人仏文学者とも異なった才能や行動を見せつけていると言えよう。

市川慎一といえども、初めから現在の特質を存分に発揮していたわけではない。業績を一覧すれば分かるように、初期の論文や翻訳はごく普通の十八世紀研究者のそれである。ディドロ、ルソー、啓蒙思想、『百科全書』、モルネの翻訳など。だが、ある時期から、若い頃に培った「旅行」趣味が、今度は論文構想のレヴェルで、意外に大きな役割を演じ始める。それは、恩師ジャック・プルーストの後半生の関心や活動を、もっともよく理解し、恩師の進む方向に歩調を合わせることをも意味していた。日本を論じようと、ヨーロッパを対象にしようと、植民地、異国趣味、宣教、貿易といった、国境を越えた圏域で展開する人間活動が、市川の、そしてプルーストの主たる関心を占めるようになる。ジャック・プルーストのとりわけ晩年の学問が、「脱中心化」(décentrement)を根幹としているように、市川慎一の方法も、まずはヨーロッパ中心主義から離れた「異国」や「他者」体験(たとえば東西交流)を重要視し、さらにヨーロッパ文化圏内部を論じている時ですら、思想家を単独で扱わず、必ず「比較」を前提にして考察を進める手際が注目される。

「啓蒙思想の三態」と題されていることからも分かるように、本書はヴォルテール、ディドロ、ルソーという三人の啓蒙思想家を中心に構成されている。市川にとって、モンペリエ留学以来の専門分野と呼べるのはディドロ研究であるが、啓蒙時代についてディドロを軸に調べていくとすぐに逢着するのは、場合によってはその能力や先端性からして、ディドロを超えるような、同時代の大思想家の揺るぎない存在である。その点、市川の着眼はまことに正鵠を射ており、V、D、Rという配置にはうむを言わせない説得力がある。

さらに、市川の方法で今ひとつ特筆されるべきは、ヴォルテール、ディドロ、ルソーの三名が、必ずしも西ヨーロッパを中心とした狭い意味での「啓蒙」圏域に閉じこめられず、アジアや日本までをも視野に入れた、新しい問題意識を先取りしている点を捉えていることであろう。

第1章でヴォルテールを論じる場合、市川は「シナと日本の幻影」という幻の「他者」を、『習俗論』の著者に対置する。ヴォルテールが日本や中国に対して抱いていた「幻影」は、彼の主要な歴史著作における両国の「登場」の仕方に表れるというのである。そこから、シナのすぐれた政治体制や宗教上の寛容を認めながらも、祖先崇拝が強くて、科学への関心が希薄であり、現状が停滞しているという、ヴォルテールの醒めた認識が炙り出される。ディドロを論じた三つの章を通じ、『百科全書』の編集長はルソーという手強いライヴァルと絶えず比較される試練を受けるのみならず、エカテリーナ二世やラヂーシチェフといったロシアの文化や政治と付き合わされる。とりわけ、ディドロとルソーの政治思想を、誰もが言及する初期の『百科全書』時代に限定せず、ディドロが一七七二年に書いた三部作に光を当てたのは卓見であるし、ディドロは『百科全書』の責任編集者としての立場があり、政治思想の領域においても、ルソーのようにフランスの現実と読者とを視界外において思考する習慣を持てなかったという指摘は、ディドロ研究者仲間としては溜飲が下がる言明である。

また、ルソーについても、啓蒙思想一般や、ディドロとの対決姿勢から始まって、その「自然状態」理論が、ディドロ後期の『ブーガンヴィル航海記補遺』と重ね合わされる。ディドロをドイツの博物学者フンボルトと並べて論じた好論文も同じで、こうした対比、比較の方法は、市川がほかの場所で展開する東西交流史の論考でも存分に発揮されるが、本書では市川による、恩師プルースト仕込みの本格的なフランス啓蒙理解を味わうことができるのである。（すみ・よういち）

啓蒙思想の三態　目次

啓蒙思想の三態

ヴォルテール、ディドロ、ルソー

1

ヴォルテールにおけるシナと日本の幻影[1]

はじめに

「都市の大きさ、無数の村落、多数の運河…、こうした土地を耕作する技術、産物の豊富さと多様さ…、雲霞の如き国民のなかにある良き秩序…、こうしたことの一切は、ヨーロッパの野蛮で、ばかばかしい習俗に慣れたポルトガル人大使を驚かせたにちがいなかった。[2]」

『両インドにおける交易と植民の哲学的・政治的歴史』において、著者レナールは、シナの〈現実〉をこのように描いている。十八世紀のフィロゾーフ（啓蒙思想家）たちは、ゴンサーレス・デ・メンドーサの『シナ大王国誌』[3]（仏訳一五八八年）以来、ヨーロッパに紹介された未見の東洋の大国シナについて、観念上の美しい映像をいだきつづけてきたと言っても過言ではない。

彼らは、啓蒙君主が統治すると考えられたロシア、プロシアにも、シナや日本と同様に、にかよった幻想をいだいた。しかし東欧のように、フィロゾーフたちが、君主と直接の接触を有していたり、あるいは、フランス語による文通を行いえた国々と、アジア諸国の如く、距離的にも、言語的にもじかの交渉をもちえなかった国々とは区別しなければならないだろう。とりわけ、限られた情報を通じて知りえたシナや日本の場合は、フィロゾーフが両国に関して描くイメージはそれだけに、一層美化され、理想化されてくるのだった。

シャルルマーニュ大帝以降の世界各国の国情を描こうとしたヴォルテールは、世界最古の文明の一つを有するシナに格別の関心を寄せたフィロゾーフの一人であるが、その最大の理由として、他の諸国の歴史が、伝承による作り話《ファーブル》によって知りえた時代に、シナは文字による記録を残した国として、その史実が信用に足ることを繰り返し強調した。他のフィロゾーフといえば、シナが頂点に皇帝をいただき、その指令が広大な帝国の臣民たちにただちに届くピラミッド型の、能率的な管理機構をそなえ、皇帝と臣民との間には、科挙により選ばれた、すぐれた文官のみが介在するという組織を有する国として、彼らの目に映じてくるのだった。ヨーロッパにおいて、国王と臣民との中間にあって、双方に有益な役割を演じようと考えたフィロゾーフたちにとって、彼らの理想を先取しているかに見えたシナは、彼らを瞠目させるに足る帝国でもあった。

このような東洋の大国シナとその傘の下にあると考えられた日本に関して、本格的な文献調査を試みたのは、モンテスキューとヴォルテールだった。十八世紀における知識の総和を目指した『百科全書』（一七五一―一七七二年）に散見できるアジア関係項目の執筆者ディドロ、ジョクール、ドルバック等にしてからが、モンテスキューやヴォルテールほどの調査をしなかったことが、最近の研究で明らかにされている。《哲学史》を担当し、項目《シナ人の哲学》、《日本人の哲学》を書いたディドロは、前者の項目に関しては、ブルッカーの、ラテン語で書かれた『哲学の批判的歴史』(4)の大部分を祖述し、ル・コント師の『現代中国新考』(5)（一六九六年パリ）でわずかに補った(6)だけだし、後者の項目については、同じブルッカーの《日本人の哲学》の記述の骨子を文字通り、フランス語に焼き直したにすぎない。(7) ジョクールは項目《日本》を執筆しているが、これもヴォルテールの《習俗試論》の第一四二章の〈日本〉の記述から引き写した部分が多い。少なくとも、『百科全書』のアジア関係の項目執筆にあたって、十八世紀以前とは比較にならないような良書が当時矢継ぎ早に刊行されたにもかかわらず、ディドロやジョクールは、ヴォルテールほどにファースト・ハンドの文献に基づいて仕事をしたとは言いがたい。なお、モンテスキューも、『法の精神』(一七四八年)において、アジア関係書類の執筆に当時の文献を使っているが、本稿の主題ではないので、これに関しては、言及を避けたことをお断りしておきたい。

I　歴史家ヴォルテールの評価とヴォルテールの立場

『ルイ十四世の世紀』(一七五一年)や『習俗試論』(一七五六年)を書いたヴォルテールをめぐっての評価は、従来、概して芳しくなかった。というのも、ポール・アザールのような泰斗が、『十八世紀ヨーロッパ思想』において、「ヴォルテールみずからが非難する欠陥——拙速、孫引きや孫孫引きの情報、編纂——に陥っている」(8) と指摘して、歴史家としてのヴォルテールに好意的な評価をよせなかったからである。さらに、歴史家ヴォルテールを正当に見ようとしなかった人たちは、「ヴォルテールが権威のない一握りの著作を参照することで満足し、引用するテクストを歪曲した」(9) と言って非難した。

こうした批判に対し、『習俗試論』の最良のエディションを刊行したルネ・ポモーは、その序文において、「彼〔=ヴォルテール〕は、十七・十八世紀にかくも著しく増大した考証学的歴史書からふんだんに典拠をあおいだ」[10]と彼の資料の正確さを保証し、彼が誤りを犯すのは、記憶にたよる時のみであると指摘することによって、歴史家ヴォルテールの復権を図った。

さらに、『歴史家としてのヴォルテール』の著者ブラムフィトは、ヴォルテールに先行した十七世紀までの歴史家と彼が一線を画するのは、ヴォルテールが社会史 social history の創始者である点を強調し、個々の専門分野においては、彼以上に掘り下げた人たちがいるものの、全体史を目指した歴史家として評価し、次のように述べている。

「彼が一般史において、芸術・学問や経済的・立憲的変化や慣習と発明の記述や普通の人間の生活に与える役割は、戦争、外交上の駆け引き、多彩な事件に関心をもつそれ以前の歴史家がそれらに割り当てた役割よりもはるかに重要である」[11]と。

一方、フランスでは「十七世紀を通じ、十八世紀のはじめにおいても、歴史は、雄弁《エロカンス》や称賛演説や、楽しい道徳的小説と区別されなかった」（ダニエル・モルネ）[12]という背景があった上に、ヴォルテール自身も、十六世紀以前の〈歴史〉は殆どが作り話《ファーブル》であることを認め、本当の意味での歴史はそれ以降にあらわれることを随所で強調した。言いかえれば、彼は、近世（十七・十八世紀）になってから信用のできる記録が存在し、真の意味での歴史が書けるようになったと考えたといえよう。

といっても、ヴォルテールが歴史作品で目指したものは、統計的な正確な史実でもなく、また、細かい注の提供により真実を抽出するピエール・ベール流の方法でもなかった。ヴォルテールが多大の影響をうけたベール流の方法に不満だった点は、ディテールのなかに〈精神《エスプリ》〉が埋没するのをおそれたからで、彼は、なによりも先ず、史実の背景にある〈精神〉を見ようとしたからだった。彼は、「歴史を編纂する人たちに欠けることは、哲学精神である[13]」といっているが、ヴォルテールの歴史観は、過去の諸事実を、自己の哲学、自分の世紀の哲学をとおして解明することだった。

彼はヴォルテールの時代にはなかった文明 civilisation という現代の用語に相当すると考えられる諸国民の習俗 mœurs の中に時代の精神が顕著に現れると考えた。『ルイ十四世の世紀』において戦乱の記録を扱った第一部第十一章の中で、ヴォルテールは言っている。

「本書は、単なるいくさの報告《ルラシヨン》ではなく、人々の習俗《ムール》の歴史なのだ[14]」と。

さらに、この著作の続編ともいうべき大著『習俗試論』は、正確には、『諸国民の習俗と精神並びにシャルルマーニュからルイ十三世に至るまでの主要な歴史事項に関する試論』と題されているように、題名のうちに、著者の意図が明示されていると考えてよい。

ところで、フランスでは、ヴォルテール以前にボシュエが書いた〈世界史論〉Discours sur l'histoire universelle（一六八一年）は、ヴォルテールに依れば、ヨーロッパ中心の歴史で、「我々の古い帝国（＝インド）について一言も、ガンジス河の彼方の広大な諸国やシナや韃靼《だったん》地方についてはなにも言及されていない[15]」。従って、ヴォルテールが『習俗試論』をシナやインドから書き始めているのは、先学ボシュエに対する挑戦でもあるが、彼はこの先駆者からは諸国民の精神のあり方を問うた方法を学び、それなりに認めていた[16]。

けれども、ボシュエになく、ヴォルテールにあるものとして注意しておきたいことは、彼が追求した諸国民の精神とは、それをあるがままにただ単に提示するにとどまらず、過去の精神に接する人たちがそこからなんらかの教示をうけるような歴史を書くこととがのぞましいと考えていたことではないだろうか。『哲学辞典』の項目《歴史》を読むと次の言葉を拾うことができる。

「有用な歴史とはどんなものだろうか？　我々に手本を見せようなどという風をみせないで、義務や権利を教えてくれるような歴史だろう。(17)」

この引用文から、ヴォルテールが多民族の過去に接する場合の歴史の意義とは、自国の歴史や自国の属する文化圏のあり方を反省させる点にあると考えていることが分る。(18)ヴォルテールの歴史著作を読む時、特にこの視点を見失ってはならないだろう。

なぜなら、この視点こそ、中近東（イスラム）や東洋（インド、シナ、日本）のように、ヨーロッパと異なった文化圏の歴史に、ヴォルテールが何故、多大の関心をもつに至ったかの理由をある程度、解明してくれると考えられるからである。

先に述べたように、歴史家としてのヴォルテールが考えるように、歴史の目的を諸国民の〈精神〉なり、〈哲学〉なりに求めることは不可能に近いと思われるので、むしろヴォルテールがこれらの諸国に抱いている〈幻影〉がどんなものかを探り出す方がはるかに有意義であるだろうと思われる。

以下の誌面で、ヴォルテールのシナ観と日本観を提示していくが、筆者がヴォルテールの著作から引き出しうるのは、彼の記述を東洋の文献と比較することによって、その正確性を問うのではなく、あくまでも、これらの国々に関しヴォルテールのいだいた〈幻影〉が作品の中で占める意義を解明していきたいと考えている。

Ⅱ　ヴォルテールに映じた〈シナ〉

ヴォルテールの生きた時代は、フランスがシナと積極的に交渉を持とうとした時代に符合していたと言える。十七世紀の後半からシナに滞在するフランス人宣教師の往来が盛んになっていたし、特に、一六八五年には、コルベールがジャン・ド・フォンタネ（一六四三―一七一〇）に呼びかけ、六人からなるジェズイットがシナに派遣されたことは有名である。[19]この中に、後に「当時の西洋人が中国についてもっていた知識の集大成」[20]といわれる『現代中国新考』（一六九六年）を書いたルイ・ド・ル・コント（一六六五―一七二八）や『康熙帝伝』[21]（一六九七年）を書いたジョアシャン・ブーヴェ（一六六五―一七三〇）がいた。

ル・コントの『現代中国新考』については、ヴォルテール自身も何回か言及しているし、ディドロも『百科全書』の項目《シナ人（の哲学）》の末尾をこの本で補ったことは前にも述べた。ブーヴェの『康熙帝伝』について、ヴォルテールは、直接、名前を挙げてはいないものの、この伝記の内容とヴォルテールの描くシナ像とが酷似しているので、博識でしられていた彼は、あるいは目を通す機会があったかもしれない。というのも、学芸研究を奨励し、公益を第一に考え、立派な政治を行う啓蒙君主（＝康熙帝）がシナを統治しているが、近代科学の発達が後れていると悟っているので、皇帝自らフランス人宣教師について、天文学、数学、医学を学んでいるというブーヴェのシナ皇帝像は、ヴォルテールの描くシナ観とあまりにも似すぎているからである。

もっとも、ブーヴェのこの伝記は、ルイ十四世とシナ皇帝を礼賛することによって、優秀な宣教師のシナ派遣を太陽王に直訴する形式を取っているので、康熙帝の治世をフランスの偉大な世紀になぞらえる点等には誇張があることに注意しておかねばならない（例えば、ブーヴェは、太陽王とシナ皇帝を並べて「かつて地上に君臨した非の打ち所がない君主の一人 un des plus accomplis Monarques, qui ayent jamais regné sur terre」[22]とまで評している）。

その上、ル・コントやブーヴェのように康熙帝に伺候した学者宣教師の著作の他に、その他の宣教師のシナ通信を編集したデュ・アルドの『シナ誌』[23]（一七三五年）等の刊行により、フランスでは、シナの事情がようやく有識者のあいだに知られるようになっていた。特に、デュ・アルドの『シナ誌』は、ヴォルテールのシナ認識における第一の典拠となったばかりでなく、副産物として、名作『ザディグ』（一七四七年）の第二章「鼻」の素材[24]や戯曲『シナ孤児』（一七五五年）の〈口実〉を提供した。

ヴォルテールのシナ観は、以上のような関係文献から形成されていったと考えられるが、シナのように豊富な情報に接することができず、シナ文明の傘の下に入るとみなされた日本についての彼の見解もシナ観と類似点が多いのは当然であろう。〈日本〉の問題はあとで言及することにして、次にヴォルテールのシナ観の骨子を列挙してみたい。

†〈シナ人は、文字で書かれた歴史をもつ〉　近世以前の歴史的表現として記念建造物しか信用できない歴史家ヴォルテールにとって、シナは、ヨーロッパ人が文字をまだ持っていなかった時代から、年代記《アナール》を有する碑文の国として映じた。

彼は言う。

「他の国民は寓話的作り話《ファーブル》をものしたのに、シナ人は、ペンと天文観測儀を手に、アジアの他所でも例をみない純真さで、彼らの歴史を書いた。[25]」

「世界中で最古の年代記はシナのそれであることに異議をはさむ余地はない。この年代記は連綿と引きつがれている。[26]」

けれども、ヴォルテールは、「かれら〔シナ人〕の法律も、習俗も文官たちが話す言語も約四千年前からかわっていない」シナを礼賛する一方、後年になると、シナの不変な状態や古いものへの尊敬が嵩じすぎたことにこそ、科学の未発達の原因がある[27]として、それをさぐろうとしていることも指摘しておこう。

✝**〈シナ人はすぐれた政治体制をもつ〉** ヴォルテールは、シナの政治機構を、頂点に皇帝をいただき、その下に文官を擁し、彼らを通じて、各州の末端部まで皇帝の指令が届くピラミッド型の構造として捉えた。

この点に関しては十八世紀のフランスでは、フィロゾーフも、キリスト教信奉者も、理想的立法者を神の代弁者とみなし、地上の立法者のうちに神の顕現をみようとしていたことが想起される。

ディドロは、『百科全書』の項目《政治的権威》において言う。「臣民に関して言えば、宗教、理性、自然が臣民に課する第一の法は、……フランスにおいては男系により現に支配している家族が存続するかぎり、臣民が服従から免れることはなにもないことを忘れないことであり、臣民が地上で神の姿が顕現し、目にみえるようであれかしと願った支配者の如く、支配者を崇め、おそれることである……」（傍点は引用者）と。[28]

臣民が神のような立法者に絶対の服従を要求されるのは、絶対王政のもとでは当然として、立法者の専断を警戒し、臣民の声にも耳をかたむける人間も必要であろう。そこで、百科全書派の多くの人たちは、国王と臣民との間に〈助言者〉が必要になると考えた。ドルバックは同じく『百科全書』の項目《代表者》Représentants において、こう述べている。

「いかなる人間も、学識がどんなものであろうと、忠告や援助を受けることなしに、国全体を治めることはできない。国家内のいかなる階級も、他の階級の欲求を知る能力も意志も有さない。かくて、公平な君主は、臣民すべての声をきかねばならない。君主は、臣民の声を聞き、彼らの悪弊《モー》を防ぐことにも同じく関心をもつが、臣民が支障なく意見を表明できるためには、代表者 *représentants*、つまり、他の市民《シトワヤン》よりも開明的な……市民を有することがのぞましい[29]」と。

以上のようなディドロ並びにドルバックの、立法者と臣民の関係をめぐる提案がなされていたが、ヴォルテールは、シナでは行政体制があまりにも厳重なので、皇帝はもはや恣意的な権力をもてなくなっているとまで述べ、次のようにシナの事情を紹介する。

「かような行政のもとでは、皇帝が恣意的権力を行使することは不可能だ。一般の法律は、皇帝から発せられるが、政体の構造上から、皇帝は、法の規定に従って育ち、投票で選出された人たちを諮問することなしでは何もできないのである[30]。」

サン＝ランベールは、『百科全書』の項目《立法者》Législateur において、国王と臣民を結びつける主要な要因として、上からの思いやり bienveillance を強調しているが、シナでは、孔子の教えが古くから浸透している上に、逆に子の親に対する尊敬が、臣民の皇帝への尊敬につながっていると考えられていた。

シナにおける立法者と臣民との関係は、アンシクロペディストたちの描く理想図から大した懸隔がないかの如く、感じられていたとも言えよう。

✝ **〈シナ人は、宗教上の寛容の持ち主である〉** シナ人は、古くから儒教を信奉する一方、外来の仏教も受け入れ、さらに、キリスト教の侵入に対しても、大した反撥もおこさなかった。

就中、康熙帝は、イエズス会の宣教師を、宮廷に招きいれたばかりでなく、教会の建設まで許可した。ブーヴェは、その『康熙帝伝』において、皇帝が、天文学、数学等に興味を持ち、フランス人宣教師に、毎日、進講を命じたと報告している(31)。

さらに、ブーヴェは、皇帝が西欧の学問に示す情熱を利用して、シナにおけるキリスト教に改宗したとなれば、臣民も皇帝に従うという計算があることも認めている(32)。

ブーヴェの考えはともかくとして、戦争といえば、異教徒との角逐に終始してきたヨーロッパ人の目には、シナ人の宗教についての態度はあまりにも寛大に映ったことは事実であろう。

あとで述べるように、キリスト教は、終局的に、シナから追放されるのであるが、ヨーロッパの宣教師がいなくなったあとも、外国人の在留は許された、とヴォルテールは書いている。

「康熙帝の後継者〔=雍正帝〕はキリスト教を禁止したが、他方、マホメット教や様々な種類の坊主《ボンズ》は許可されていた(33)」と。

古くは、イベリア半島におけるイスラムの占領地域でのアラブとキリスト教徒の共存状態やシナにおける諸宗派のあり方から、ヴォルテールの裡にはいつしか東洋人の方が宗教に関しては寛容な精神の持ち主だという固定観念が生まれたと見ていいだろう。彼は、やがて見るように、日本の宗教状態もほぼ同じ視点から考察することになるのだから。

†〈**シナでは、科学は発達しなかった**〉 ヴォルテールは『習俗試論』の第一章においてほぼ次のように述べている——シナ人は火薬を発明したが、花火にしか使わず、大砲の使用を教えたのは、ポルトガル人だった。天文学も発達し、羅針盤も知っていたが、ヨーロッパ人のように、世界の果てまで赴く必要は感じなかった。彼らはユークリッド以前から幾何学を知っていたが、初歩の段階をこえることはなかった。

このように、近代科学が発達をとげなかった原因をさぐろうとして、シナ人の叡智を認めながらも、完遂能力の欠如を指摘している。

「自然は、我々とかくも異なるこのような種類の人たちに、彼らに必要なものを直ちにみつけさせるが、それ以上に突き進むことは不可能な器官をさずけたようだ。反対に、我々が諸知識を得たのは、非常に遅かったが、すべて迅速に完全なものにしたのだ。[34]」

その他の原因としてヴォルテールは、(1) 古いものを完全と思う祖先崇拝と(2) シナ語の性格を挙げ[35]、特に前者は、シナ人にあっては、一種の宗教の如きものとなって、科学の発達を妨げるに至ったという偏見をいだいていた。

以上の見解から、シナ人は、宗教に関しては、寛容であるが、祖先崇拝があまりにも強く、このため、近代科学への関心は希薄になり、彼らの現状は停滞し、今日に至っているという、彼のシナ観の骨子が形成されたと考えていいだろう。

III　ヴォルテールに映じた〈日本〉

十七世紀・十八世紀のヨーロッパ人の目には、日本はともすれば、シナ文明の影に隠れてしまい、この島国が問題となるとすれば、シナ文明の延長線上でとらえられた国として映じていたと考えられるが、〈日本〉が全く無視されていたわけでは決してなかった。この期に刊行された辞書、百科事典には、〈日本〉が取り上げられているので、はじめにヴォルテール以前の〈日本〉の項目に若干ふれておきたい。

筆者の調査で判明しているのは、まとまった項目として〈日本〉が出ているのは、ルイ・モレリの『歴史大辞典』(36)を嚆矢とする。モレリの項目〈日本〉Japon ou Japan は、フォリオ版のほぼ二頁を占めるかなり長いもので、次のような構成になっている。——日本の地形や一五四二年、ポルトガル人による偶然の発見や、多数の群島の中で、大きなものは、東の四国 Xicoco、南の下（＝九州）Ximo と西から北に拡がる日本 Nyphon の三部からなること等が述べられたあと、「国の特質」、「日本人の慣習と風俗」、「日本人の政体」、「日本人の宗教について」、「日本におけるキリスト教の進展」という見出しのついた六部に分けて、〈日本〉が総合的に論じられている(37)。

続いて、〈日本〉が取り上げられのが、ピエール・ベールの『歴史批判辞典』である。ベールは、この項目の冒頭で「〔日本については〕モレリの辞典において詳しく語られているので、……この島国人たちの神学に関する若干の条項に限ることにしたい」と述べ、先学モレリの記述との重複を避け、問題を日本における宗教だけに限ってしまっている。ベールの資料は、クラッセの『日本西教史』のクゥーザンの書評(38)

等に依るところが多いが、当時、ベール自身が置かれていた思想上の状態から、独自の日本論を展開している。

次いで、ディドロ＝ダランベールの編集になる『百科全書』の第八巻（一七六五年）にジョクールの執筆した項目《日本》とディドロが《哲学史》の一環として書いた《日本人（の哲学）》が並んで掲載され、中川久定氏の調査ではこの両項目を含めて現在のところ計六十五の日本関係の項目が『百科全書』に見出されることが確認されているが、(39)関連項目数はさらに増えるようだ。

『百科全書』における〈日本〉の総括論をなす《日本》と《日本人の哲学》の両項目について言えば、前者は、ヴォルテールの『習俗試論』の第一四二章から写しとった部分が多いし、(40)後者は、前出の、ドイツ・ルッター派の哲学者ブルッカーの『哲学の批判的歴史』所蔵の《日本人の哲学》をディドロがフランス語で祖述したものであるということができる。(41)さらに言えば、ヴォルテールとブルッカーの典拠といえば、鎖国時代にオランダ商館の侍医として来日し、《日本誌》を著したエンゲルベルト・ケンペル（一六五一―一七一六）の仏訳版(42)を共通の典拠にしていることをここで強調しておきたい。

近年、日本では、このケンペルの《日本誌》の全訳や研究書が出ているので、(43)ケンペルその人の紹介は、これらの書物にゆずることにして、本稿では割愛することにしたい。また、十八世紀ヨーロッパにおける〈日本〉の紹介に『日本誌』が果たした計り知れない貢献を肯定するのに筆者はやぶさかではないが、ケンペルの著作だけが〈日本〉に関する情報を提供したのではなく、ケンペル以外の情報源もあった(44)ことは認めておかなければならない（例えば、ケンペルの『日本誌』の刊行後、その日本観を随所で批判し、殉教史に多くの頁をさいた書にシャルルヴォワの『日本史』(45)があるが、アンシクロペディストとの関係では、その影響力は、比較にならないと言えよう)。

先に引用したプラムフィットは「ヴォルテールは日本からペルーまでの他の諸国を扱っているが、シナ、インド、イスラムよりもはるかに少ししか知らない[46]」と言い、ケンペルのことはどこも言及していないが、ヴォルテールの〈日本〉の記述に関する限り、ケンペルの『日本誌』を利用したことに異論をはさむ余地はないと思われるので、次に、ケンペルというプリズムを通して〈ヴォルテールの見た日本〉について、若干ふれておきたい。

✝〈日本では信教の自由は許されている〉 この言葉の出てくる個所を正確に引用すると、次の通りである(『習俗試論』第一四二章「日本について」)。

「あの真実を語る、物識りの旅行者ケンペルが指摘する如く、信教の自由はアジアの他のすべての諸国と同じように、日本でも常に許されてきた[47]」と。

この個所は、ケンペルの『日本誌』の仏訳版から趣旨を文字通りヴォルテールが引いている部分[48]であるが、彼は、シナ人と同様に、日本人も信仰上の自由を有する国民として、読み取っている。

さらに、日本に信教の自由があるという前提のもとに、ケンペルの記述する日本の多数の宗教の共存にも注目し、ついには、〝京都改め〟KIOOTO ARATAME[49]に出てくる数字を絶対視したあまり、いつしか、ヴォルテールは日本に十二の宗派が存在するという固定観念をいだいてしまった。

ケンペルの記述は、ヴォルテールのプリズムをひとたび通ると、次のように変形してしまう。

「この都には、十二の宗派があって、すべて平穏に暮らしていた。……もしもポルトガル人とスペイン人が信教の自由に甘んじていたとしたならば、日本では彼らは、これら十二の宗派と同じくらい平穏でいられただろうと思われる。[50]」

ヴォルテールにとっては、これ以後の著作でも日本の宗教が問題になる場合、必ず十二という数字が出てくる[51]ばかりか、既存の十二の宗派の上に、十三番目の宗派として、キリスト教が日本に割り込んできたという図式が定着してしまう。そして、ヴォルテールは、キリスト教の日本における排他性にも注目して、十三番目（?）の宗派としてのキリスト教は、日本に定着後は、唯一の宗派になろうとしたとして非難する。[52]

ここに見られる重要な図式は、アジア人の寛容な精神に、ヨーロッパ人の宗教上の不寛容主義を対照させている点で、若きヴォルテールが英国における他宗教の共存を誇張的に賛美した『哲学書簡』（一七三四年）に読み取れる図式と同質のものと考えていいだろう。つまり、ヴォルテールにとっては、彼はキリスト教のモノリティック monolitique な性格を日本を口実にして攻撃していると考えられる。

✝〈日本人は、キリスト教の侵略的性格に恐怖を感じた〉　宗教問題に無関心でいられないヴォルテールにとって、この東洋の島国におけるキリスト教の、初期の順調な歩みと海外渡航禁止令を境とする衰退の過程ほど興味をそそることはなかっただろう。ヴォルテールは、ケンペルを下敷きにしながら、ポルトガル人の失墜の三つの原因を挙げているが、筆者は、この問題をすでに論じたことがあるので[53]、ここでは第三の原因、すなわち「キリスト教徒に征服されるという恐怖」だけを取り上げたい。

先に引用したドミエヴィル氏の論文に依ると、十六世紀にシナを訪れたポルトガル、スペイン人の「布教活動は軍事的経済的征服のもくろみと平行していた[54]」と指摘されていることから考えて、来日した宣教師たちにこうした野心がなかったとは考えにくいので、ヴォルテールは、当然のことながら、日本における布教活動も同じ視点から眺めていると言える。

ヴォルテールは、『習俗試論』の第一九六章において、宣教師たちの国土征服の意図を警戒した日本人の態度を弁護して、このように言っている。

「坊主《ボンズ》たちは、古くからの財産を有するがゆえに、恐れ、皇帝〔＝将軍〕は、国是のゆえに、おそれた。スペイン人たちが日本の隣国フィリピンを征服していたし、彼らがアメリカで何をしたかも知られていた。日本人が警戒したことは驚くにあたらない(55)」と。

さらに、追放しても再度、入国してくる宣教師たちの迫害についても、ヴォルテールは、国是の上から当然の行為と考えている。

「国是だけが迫害の原因であり、キリスト教がスペイン人の企てに道具として使われたという恐怖のゆえにのみ、キリスト教に反撃したことは明白である(56)」と。

✝ **〈オランダ人は、踏絵を冒しながら、交易をする〉** ヴォルテールが槍玉にあげるのは、ポルトガル人とスペイン人だけではない。彼らに替わって、日本と交易するオランダ人にも、批判の眼差しが向けられる。

一時は、オランダ人も追放されるところだったが、「キリスト教徒が逃げ込んだ要塞」〔＝島原〕に政府からせがまれて大砲で攻撃したオランダ人艦長の奉仕で、キリスト教徒は全滅したが、「オランダ人たちが日本に行った醜悪な奉仕にもかかわらず、自由に交易し、定着しようとのぞんでいた恩典は彼らに転がり込まないで、長崎 Nagasaki 港の近くの出島 Désima と呼ばれる小さな島に上陸できる許可をえた」。

――その上に、「この島に受け入れられるためには、まず、踏絵 marcher sur la croix をし、キリスト教の一切のしるしを放棄し、ポルトガル人の宗教に属していないと宣誓しなければならなかった」[57]とヴォルテールは書いている。

この個所を読む限り、踏絵をさせられるのはオランダ人である、とヴォルテールは記述しているのであるが、彼の典拠としたケンペルの『日本誌』では、年末の「人改め」に続く新年の行事として、踏絵をするのは日本人と正確に記述されている[58]。

もし、ヴォルテールがケンペルだけを根拠に、この記述をしたとすれば、ここにも明らかな誤読があるばかりか、彼の文学作品上にも、踏絵にまつわる副産物を産んでしまったことになる。

傑作『カンディド』（一七五九年）の第五章で、大地震のため瓦礫の町と化したリスボンで狼藉を行う水夫に、パングロス博士が説教をすると、水夫が次のようなたんかを切るくだりがある。

「こん畜生！　おらぁ、船乗りで、バタヴィア生まれときてらあ。日本へ四度行って、四度とも踏絵をしてきたんだぜ。……[59]」

踏絵の件はともかく、まるで牢屋のような出島に閉じ込められ、着くたびに商船と商品を差し押さえられても、日本と交易をするオランダ人の姿を戯画的に描きながら、ヴォルテールは、彼らをこう評している。

「バタヴィアやモルッカ群島では、王様である彼ら（＝オランダ人）は、このように奴隷として扱われるままになっている[60]」と。

このように見てくると、ヴォルテールがイベリア半島の宣教師やオランダ人の商人に対して行っているのは、ヨーロッパ人批判であることが分る。シナ人が寛容であったように、日本人も本来は、信教の自由を許してきたが、それはあくまでも、国益をおかさぬ限りそうなのだとヴォルテールは考えているのだろう。ヨーロッパ人にとって単に、宗教上の覇権争いだけではなく、交易をめぐってのポルトガルとオランダの確執は、舞台だけをヨーロッパから東洋に移したものの、国是を第一に考える東洋の支配者の政策に宗教的にも、商業的にも阻まれているヨーロッパ人の〝素顔〟をヴォルテールは描きたかったのだろうと思われる。

Ⅳ　ヴォルテールの歴史作品に占める〈シナ〉と〈日本〉の意義

これまでの文章で筆者は、ヴォルテールがシナ及び日本について描いた東洋人像をなるべくそのままのかたちで抽出してきた。

ところで、前にも述べたが、ヴォルテールは明らかに情報不足のシナや日本を当時としては大々的に扱ったばかりでなく、しかも、歴史作品の重要なモメントに両国を〝登場〟させていることは注目に値する。筆者の考えでは、ヴォルテールの主要な歴史著作における両国の〝登場〟のしかたに特異な力点がおかれているように考えられるので、この点を本節で考察してみたい。

周知のように、『ルイ十四世の世紀』は年代順による叙述を避け、第一部が軍事的・政治的事件を、第二部が社会的、経済的な世紀の叙述を、第三部が世紀の文化的な偉業を扱う三つの部分から構成されるはずだった。ところが、一七五一年の決定版は、その後、付け加えられた二章からなる芸術論でしめくくられているどころか、「シナの典礼論争」でおわっている。このように、「教会の事件」がルイ十四世の世紀の文化的偉業の絵巻にとって代わった点にふれて、プラムフィットは、次のように解釈する――『ルイ十四世の世紀』の終章の語調は、後期の理神論的パンフレットほどはげしくはないが、すでに、シレー Cirey 時代から始まった《破廉恥漢をやっつけろ》Ecrasez l'Infâme の表明であると[61]。

たしかに、「教会の事件」が芸術・文化論にとってかわったことは、作品の構造における重要な変化と言わねばならないだろう。

では次に、この作品の終章の大意と〈日本〉の〝登場〟の個所を具体的にみてみよう。

一六四五年、シナの康熙帝の Can-Hi（一六六二―一七二二）に気に入られ布教をしていたイエズス会をドミニコ会が聖庁に告発した。その理由は、シナ人の死者への儀式は、偶像崇拝《イドラートル》であり、シナの文官《レトレ》は無神論者であるのに、イエズス会はこの事実を承知の上で、布教しているというものだった。いわゆる「シナの典礼論争[補注]」の問題は、ヨーロッパで激論がかわされたあと、イエズス会に不利な判定が下されたあげく、法王庁派遣のトゥールノンが康熙帝に次のように伝えた時の皇帝の驚きはいかばかりであったろうかとヴォルテールは書いている――「貴帝国内で説教するキリスト教徒は互いに意見が合わず、自分は北京の宮廷がかつてきいたこともない論争に決着をつけにきた」と[62]。

一七二二年に康熙帝が死ぬと第四子の雍正帝 Yontching（一六七八―一七三五）が後を継いだ。雍正帝は、先帝に劣らず開明君主だったが、すでに帝国内に教会を有したイエズス会が不吉な刷新を行うのではないかと恐れて一七二四年にキリスト教を禁止した。

ヴォルテールはこの模様を次のように描いている。

「ジェズイット達はすでに公の教会をいくつか有していたし、皇帝の血をひく君主のうちに洗礼をうけたものもいた。帝国内では運命を決する刷新が拡がるのを恐れだした。日本で起きた不幸 Les malheurs arrivés au Japon は、一般に知られていないキリスト教の純粋性があたえうる以上に人々に大きな印象を及ぼした。丁度その時、異なった宗教の宣教師たちをお互いにいらだたせる論争が東京 Tunquin でキリスト教の絶滅をひきおこしたことが知られた。そしてシナでなおひどい騒擾をおこしている同じ論争は、掟を説教しに来ながら、この掟そのものに関し互いに一致しないもの達を、すべての法廷の敵にまわすことになった。(63)」

ヴォルテールは『習俗試論』の第一九六章でも「典礼論争」にふれているが、その個所にはヴォルテール自身の注がついていて「『ルイ十四世の世紀』の末尾の「シナの典礼論争」の章を見よ(64)」とあり、シナ人が「日本でこうむった同じ騒乱 les mêmes troubles qu'on avait essuyés au Japon」をおそれたと書いている。

イギリス人の批評家プラムフィトは、「日本で起きた不幸」が何を指すか説明していないが、同氏の先ほどの解釈は、ヴォルテールの〈日本〉の言及の意味が解った方がより明晰になるかもしれない。これは、言うまでもなく、日本の鎖国政策のために、信教の自由を略奪されたキリスト教徒がみせた最大の反抗、つまり島原の乱（一六三七年）の結果、信者が全滅させられたことを指すもの(65)と解される。ヴォルテールは、この日本の例を見て、雍正帝がシナのキリスト教禁止に踏み切った時に述べた言葉として、次の文章を引用している。

「貴殿たちの事件で困っています。私は、貴殿たちに対する告発を読みました。シナの典礼について他のヨーロッパ人との果てしない論争は、貴殿たちをこの上なく毒してきました。我々がヨーロッパへ行って貴殿たちがここでとっている振る舞いをしたとしたら、貴殿がたは何とおっしゃるでしょうか。正直にいって、そう許して下さるでしょうか。」(66)

この発言の趣旨は、本来、シナ人に関係のない宗教論争で国内が攪乱されたので、その元凶であるヨーロッパ人宣教師の追放をきめるのは当然という裏の意味を含んでいると思われるが、ここで、ヴォルテールがシナ人や日本人が宗教的に寛大であると強調してきたことを想起しておこう。

『ルイ十四世の世紀』の終章で論ぜられる「シナの典礼論争」なるものは、結局のところ、シナ人には、全く関係のない問題なのである。ヴォルテールが描きたかったのは、そこに君臨する皇帝や、そこに生きる住民を無視して、つまり、シナ人ぬきで、宗教論争を展開し、しかも、法王庁までを介入させるというヨーロッパ人の醜態であり、エゴイスムということができる。

これを『ルイ十四世の世紀』の構造上から考察すると、政治・軍事面でも成功をおさめ、社会・経済面でも発展をとげ、文化面では華々しい反映をみたルイ十四世の治世に、もしも汚点があったとすれば、それは宗教問題だったということになる。ヴォルテールの「四世紀理論」の一つをなすルイ十四世の治世は、その他の面では歴史上まれにみる偉大な世紀の一つであったが、宗教問題においてのみ、失敗したとヴォルテールは考えたのだろう。

このように、ヴォルテールの構造上の意図を読み取れるならば、彼が歴史作品のあちこちに宗教的に寛容なシナや日本を〝登場〟させたのは、一つには、宗教的には不寛容なヨーロッパ諸国と対照させるためであり、二つには、ヨーロッパ人が本国で解決できなかった宗教問題をもちこまれたアジアの国々がどう対処するかを調べるためと考えていいだろう。要するに、シナや日本は、ヴォルテール自身の宗教観を表明するための口実ないしは、方便として利用されたと考えられないだろうか？

若きヴォルテールがイギリスでの見聞記という装いのもとに『哲学書簡』（一七三四年）を刊行し、フランスを痛烈に攻撃したことを考え合わせると、未知のシナや日本の政治的・宗教的〝現実〟は、ヴォルテールにとって、ヨーロッパ人批判のまさに絶好の口実を与えてしまったと結論しても大きな誤りをおかさないだろう。

むすび

ヴォルテールは、『ジェズイットのシナからの追放報告』（一七六八年）の冒頭を次のように書き出している。「かつては全く未知で、その後、長い間、我々の目には、歪曲されていて、そして、今日では、ヨーロッパの諸州よりもよく知られているシナは、世界で最も人口が多く、最も繁栄し、最も古い帝国である。[67]」（傍点は引用者）

ヨーロッパからの遠隔地シナや日本あるいはロシアやプロシアに対して〈幻影〉をいだいたフィロゾーフは、ヴォルテール一人だけにとどまらない。百科全書派の中にも、ロシアやシナは、啓蒙君主が支配する国とまじめに考えた人は多かった。

彼らが〈幻影〉をいだいた国々は、いずれもヨーロッパから遠く離れたところにあるという共通点をもつ。それでも、フィロゾーフがフランス語を介して辛うじて交渉をもてたロシアやプロシアは、まだしも、シナや日本の場合は、そのような可能性も考えられないような国々であった。けれども、ロシア熱とかシナ熱といった特定の国々の礼賛は、遠隔であればあるほど、また、未知の部分が多ければ多いだけ、嵩ずるものではないだろうか。この点で、シナや日本は、フィロゾーフの〈幻影〉の典型とも言えるかもしれない。

ヴォルテールは、『ルイ十四世の世紀』において、宰相マザランに好意的評価は下さなかったが、勢力のある宰相と名宰相とを区別して、「名宰相になるには、公共の福祉 bien public を第一の情熱として有さねばならない[68]」と言っている。反対に、ルイ十四世をたたえた個所では、「栄誉を愛する王はすべて、公共の福祉 bien public を愛するものだ[69]」と書いている。

ところで、ヴォルテールはシナの政治機構をほめる時、「基本的な方途は、帝国は一家族なのだから、シナでは、他所以上に、公共の福祉 bien public が第一義務とみなされた[70]」とも言っている。

となると、フランスで公共の福祉を第一に考えたルイ十四世とシナで同じことを実行した皇帝とは、この点でも共通項をもつことになる。では、公共の福祉を義務とせず、専制政治を行うのは誰か。いうまでもなく、ヴォルテールを追放したルイ十五世やモプーを指すのだろう。従って、ロシアのピョートル大帝、エカテリーナ二世やシナの康熙帝等にむけられたヴォルテールの礼賛から、彼のアンチ・テーゼを読み取るとすれば、シナ皇帝の対蹠点に位置するのは、フランスの為政者ということになるだろう。

ヴォルテールは『習俗試論』の中で、日本における最初の伝導者となったフランシスコ・サビエルについて、こう書いている。

「成る程、彼〔＝サビエル〕は通訳を使わざるを得なかったので、最初は大した進歩はしなかった。彼は書簡の中で、『私にはこの国民は分らないし、相手にも私が理解できない。我々は、子供のように読み方を習っている』と言っている。この告白があったからには、サビエルの伝記作者たちがサビエルに語学の才ありとしてはならなかったのだ。[71]」

『哲学辞典』の項目《フランシスコ・サビエル》でも、伝記作者の一人ブウール神父を痛烈に批判したあとで、サビエルがどのようにしてかくも多くの改宗を日本でしえたのかと聞かれれば、こう答えるだけだと述べている。

「サビエルが、改宗をしたのではなく、ポルトガル王と日本の将軍との条約のおかげで、この国に永く残留した他のジェズイットたちが、あまりにも多くの人を改宗させたので、ついに内戦が起こり、人の話によると四万人近くの人が犠牲となった。[72]」

ここに見られるのは、サビエルの批判というよりは、彼を聖人視しようとする人たちへの批判である。宗教の信奉者は、時おり、極端な狂信や迷信に走りがちであるが、『百科全書』の項目《立法者》の執筆者サン゠ランベールも、政治に宗教を介入させることの危険を注意した後で、シナを引き合いに出し次のように述べている。

「この点ではシナ人の行動は優れているようだ。フィロゾーフが君主の大臣であり、各州は塔や神々の像でおおわれている。これらを崇める者に対しては決して厳しく取り締まらないが、神が国民の願いをかなえてやらなかったり、国民がその神聖について疑いを差しはさむほど不満をもつ時には、大臣はこの機会をとらえ、迷信を廃止し、神を破壊し、寺院を打ち毀してしまう。[73]」

これは、ヴォルテールの文章ではないが、アンシクロペディストのシナ観の一端を代表したものと考えてもよいのであろう。

先に引いたヴォルテールのサビエル崇拝者批判をサン＝ランベールの文章と読み比べてみると、宗教問題（シナの典礼論争も一例）をめぐって、極端に熱狂するヨーロッパ人とあくまで冷ややかに判断を下す東洋人が好対照をなしている。

従って、ヴォルテールが、アジア人の宗教上の寛容精神を称賛するとき、ここでも、シナ人や日本人の対極にあるものを読み取らねばならないことだろう。その対極にあるものは、ヨーロッパ人の宗教上の狂信ということになるだろう。

ヴォルテールが、未知のシナや日本に抱いた〈幻影《ミラージュ》〉を通して伝えたかったことは、結局、アジア人が再認識させ、再発見させてくれたヨーロッパ人の〝現実〟だったのではないだろうか。

注

（1）本稿の題名は、ロルトラリの次の研究書から借用した。LORTOLARY (Albert)：*Le mirage russe en France au XVIII*^{e} *siècle* (Boivin, 1951). なお、本稿の「シナ」は現代の中国ではなく、「シナの典礼論争」時代の中国を指すので、国名の表記は、ヨーロッパ語の原音に近いシナで統一した。

（2）RAYNAL (Guillaume-Thomas)：*Histoire philosophique et politique des établissements et du commerce des Européens dans les deux Indes* (Genève, 1780), 10 vol., t.I, p.205.

（3）ヴォルテールは、メンドーサに言及している。VOLTAIRE：*Œuvres complètes*. Ed. Moland (Paris, 1877–85), 52 vol., t.29, *Lettres chinoises, indiennes, et tartars*. p.459. なお、初版本（一五八五年ローマ）にもとづく邦訳『シ

ナ王国誌』が刊行されている（「大航海時代叢書Ⅵ」岩波書店、一九六五年、一九七三年）。

（4）BRUCKER (Jacob) : *Historica critica Philosophiae a mundi incukrabulis ad nostram usque actatem deducta*, Lissiae, Breitokoph, 1742–1744, 4 tomes en 5 vol. V., pp.907–918, «Caput Quartum, DE PHILOSOPHIA IAPONENSIUM».

（5）LE COMPTE (Louis) : *Nouveaux mémoires sur l'état présent de la Chine* (Paris, 1696).

（6）Cf. PROUST (Jaques) : *Diderot et l'Encyclopédie* (A. Colin, 1962), p.549.

（7）ディドロの項目《日本人の哲学》とブルッカーとの関係については、次の拙稿を参照されたい。市川「ディドロに映じた日本――『百科全書』の項目《日本人の哲学》をめぐって」（早大比較文学研究室編『比較文学年誌』第八号、一九七二年）一八六―一八七頁。

（8）HAZARD (Paul) : *La pensée européenne au XVIIIe siècle* (Fayard, 1963), p.242.

（9）ADAM (Antoine) : *Le mouvement philosophique dans la première moitié du XVIIIe siècle* (S.E.D.E.S., 1967), p.228.

（10）VOLTAIRE : *Essai sur les mœurs*. Edition de R. Pomeau. 2 Vol. (Garnier, 1963), t.1, p.XXV. 以下『習俗試論』からの引用は、この版から行う。

（11）BRUMFITT (J. H.) : *Voltaire Historian* (Oxford, 1958, 1970), p.75.

（12）MORNET (Daniel) : *La pensée française au XVIIIe siècle* (A. Colin, 1966), p.107.

（13）VOLTAIRE : *Remarques sur l'histoire*. Ed.Moland, t. 16, p.436.

（14）VOLTAIRE : *Le Siècle de Louis XIV*. Ed. Moland, t. 14, p.260.

（15）VOLTAIRE : *Les Lettres d'Amabed*. Ed. Moland, t. 21, p.438.

（16）高橋安光「フランス啓蒙史観の系譜及び特質」一橋大学一橋学会編『人文科学研究』十三（一九七一）一〇三頁。

（17）VOLTAIRE : *Dictionnaire philosophique*. Article «Histoire», t. 19, p.354.

（18）ヴォルテールが歴史研究における教訓的価値を重視する傾向があったことについては、次の個所を参照のこと。BRUMFITT : *op .cit*., p.96.

（19）ポール・ドミエヴィル（大橋保夫訳）「フランスにおけるシナ学研究の歴史的展望」（上・下）『東方学』第三十三輯（昭和四十二年六月）一—三十九頁を参照。

（20）前掲論文（上）十四頁。

（21）ブーヴェのこの本には後藤末雄訳・矢沢利彦校注『康熙帝伝』（平凡社、東洋文庫一五五、昭和四十五年）があるが、校注者が挙げている原書名（同二一七頁）*Portrait historique de l'empereur de la Chine présenté au Roy* (Paris, 1697) と筆者が参照しえた版とには、次のような題名の違いがある。*Histoire de l'Empereur de la Chine présenté au Roy*, par le P. J. Bouvet, de la Compagnie de JESUS, Missionnaire de la Chine (La Haye, 1699 ; Tensien, 1940).

（22）*Ibid*., p.154. 邦訳一四五—六頁。

（23）Du HALDE : *Description géographique de la Chine et de la Tartarie chinoise* (Paris, 1735), 4 vol.

（24）同書の t. III, pp.324-338 に Autre Histoire. Techoang-tse, *après les bisarres obsequies de sa femme, s'adonne entierement à sa chere Philosophie, et devient célèbre dans la Secte de* Tao と題された収録されている話の〃生きた脳味噌〃を〃鼻〃に換骨奪胎したものである。*Orphelin de la Chine* (1755) については岩村忍「ヴォルテール作『シナの孤児』の源流」『東洋史の散歩』（新潮社、一九七〇年）一六三—一八二頁を参照。

（25）*Essai sur les mœurs*. Ed. Pomeau, t. I, pp.66–67.

（26）*Ibid*., p.186.

（27）*Lettres chinoises*. Ed. Moland, t. 29, p.470.

（28）DIDEROT：*Œuvres politiques*. Ed. Verniere (Garnier, 1963), p.20. この項目については桑原武夫訳編『百科全書』（岩波文庫）に恒藤武二氏による訳文がある（同二一三—二一五頁）。

（29）*Ibid.*, p.46.

（30）*Essai sur les mœurs*. t. II, pp.285–286.

（31）BOUVET：*op.cit.*, p.86. 邦訳八十五頁。

（32）*Ibid.*, p.167. 邦訳一五六頁。

（33）*Essai sur les mœurs*. t. II, pp.791–792.

（34）*Ibid.*, p.215.

（35）*Ibid.*, t. 1, p.215.

（36）MORERI (Louis)：*Le Grand Dictionnaire ou Mélange curieux de l'histoire sacrée et profane*. Nlle édition (Paris, 1732–1749), t. III, pp.242–244.

（37）モレリとベールの項目《日本》の内容については、かつて紹介したことがあるので詳しくは、拙稿を参照されたい。市川「ディドロに映じた日本」一七八—一八四頁。

（38）«Histoire de l'Eglise du Japon, par M. L'Abbé de T.» dans *Journal des Scavans* (18 juillet 1689), pp.318–331.

（39）『百科全書』に掲載された日本関係項目の内容及び意義に関しては、次の論文に詳述されているので、本書ではふれないことにする。中川久定「十八世紀フランス『百科全書』の日本観——日本に関する六五項目と考察」（上・下）『思想』一九七五年二月号・三月号を参照。

（40）この点については、牧健二『西洋人の見た日本史』（弘文堂、昭和二十四年）において、「ディドロー編集の有名な百科全書を見るに、日本の項はヴォルテールを文章其の侭転載したものであり、日本人の項はケンプェルによって日本史の時代区分と宗教関係の歴史を略叙した〔中略〕、ディドローの百科全書の名声にふさわしからぬ代物である」（同書二六一—二六二頁）と評されたが、項目《日本》について「ヴォルテールを文章其の侭転載したもの」とするのは、正確ではない。詳しくは、前記中川論文（上）七十頁を参照。

（41）拙論一八六—一八七頁を参照。

（42）Kaemmfer (Engelbert) : *Histoire naturelle, civile et ecclésiastique de l'Empire du Japon* (Paris, 1729), 2 vol. が初版であるが、参照できないので、引用は、(La Haye, 1732) 3 vol. から行うこととする。

（43）今井正訳『日本誌』（上巻・下巻）（霞ヶ関出版株式会社、昭和四十八年）及び小堀圭一郎著『鎖国の思想——ケンペルの世界史的使命』（中公新書、一九七四年）を参照。

（44）例えば、最初に引用したレナールの『両インドにおける交易と植民の哲学的・政治的歴史』にも、かなり長い日本の記述があるし、『ポールとヴィルジニー』の作者ベルナルダン・ド・サン＝ピエールの『自然の研究』にも〈日本〉の言及があり、これらは、ケンペル起源だけとは断じがたいからである。cf. *Etudes de la Nature* par Jacques-Henri Bernardin de Saint-Pierre. Troisième édition (Paris, 1793), 10 vol. t. II, pp.212–214.

（45）Charlevoix : *Histoire et Description générale du Japon* (Paris, 1736), 9 vol.

（46）Brumfitt : *op.cit.*, p.84.

（47）*Essai sur les mœurs*. Ed. Pomeau, t. II, p.315.

（48）Kaempfer : *op.cit.*, t. II, p.1.

（49）*Ibid.*, t. II, pp.23–24.

（50）*Essai sur les mœurs*. t. II, p.795.

（51）Voltaire : *Traité sur la tolérance*, Ed. Moland, t. 25, p.35.

（52）例えば、*Dictionnaire philosophique*. Article«Japon», t. 19, p.495 でも同じく繰り返されている。

（53）この点については、次の拙論を参照されたい。市川「ケンペルの読者ヴォルテール——その日本観形成に

関する試論」『比較文学年誌』第十二号、一九七六年（早大比較文学研究室編）六―七頁。

（54）ドミエヴィル前掲論文（上）二頁。

（55）*Essai sur les mœurs*, t.II, p.794.

（56）*Ibid*., p.795.

（57）*Ibid*., p.796.

（58）KAEMPFER : *op. cit*., t, II, p.128, “C’est le Jefumi, c’est-à dire dans le sens litteral, l’action de fouler aux pieds la figure : à cause qu’ils foulent aux pieds l’Image de notre Sauveur attaché à la croix...ce qui est une preuve...qu’ils renoncent à jamais à J. C...”

（59）VOLTAIRE : *Candide ou l’Optimisme*.Edition critique par René Pomeau (Nizet, 1959), p.102. 吉村正一郎訳『カンディード』（岩波文庫）三十一頁参照。

（60）*Essai sur les mœurs*. t. II, p.792.

（61）BRUMFITT : *op. cit*., p.49.

（62）VOLTAIRE : *Le Siècle de Louis XIV*. Ed. Moland, t. 15, p.79.

（63）*Ibid*., p.82.

（64）*Essai sur les mœurs*. t. II, p.791.

（65）他の作品では、次のようにはっきり記述されている。*Lettres chinoises*. Ed. Moland, t. 29, p.473. “...ces missionnaires avaient été dans le Japon la malheureuse cause d’une guerre civile dans laquelle on avait égorgé plus de trente mille hommes en l’an de grâce 1638.”

（66）*Le Siècle de Louis XIV*. t. 15, p.83.

（67）VOLTAIRE : *Relation du Bannisssement des Jésuites de la Chine*. Ed. Moland, t. 27, p.1.

（68）*Le Siècle de Louis XIV*. Ed. Moland, t. 14, p.225.
（69）*Ibid.*, p.513.
（70）*Essai sur les mœurs*. t. I, p.216.
（71）*Ibid.*, t. I, p.315.
（72）*Dictionnaire philosophique*. Article «FRANÇOIS XAVIER», Ed. Moland, t. 19, p.203.
（73）*L'Encyclopédie*. Article «Législateur», t. IX (1765), pp.359–360.

（補注）シナにおける「典礼礼賛」の経緯をヨーロッパ側からの資料によりたどったものに、エチアンブルの『シナにおけるジェズイット（一五五二—一七七三）——「典礼論争解説」』*Les Jésuites en Chine (1552–1773) La querelle des rites*, présentée par Etiemble (Julliard, 1966) がある。この書物から数々の興味深い事実を知ることができるが、そのうち二つばかりを拾ってみると、㈠イエズス会士アンリ・ベルナール Henri Bernard の研究によれば、イエズス会が西洋の近代科学を教えたのは、シナ帝国の皇帝や指導者を容易に改宗できるという期待があったためであること（一五二頁）、㈡十八世紀において、他の教団から四面楚歌にあったかにみえたイエズス会こそが、シナの事情に通暁しているので、この国の伝導に最適と考えたド・ブロス高等法院院長 Président de Brossesn のような良識派もいたこと（一七九頁以下）等は、ヴォルテールを理解する上で参考になるといえよう。

　なお、ドミエヴィルの別の論文 «Les Premiers Contacts Philosophiques entre la Chine et l'Europe» par Paul Demieville dans *Diogène* No 58, Avril-Juin (1967), pp.81-110 に依ると、「典礼論争」は、シナにおけるキリスト教布教の鼻祖マテオ・リッチ Mateo　Ricci（一五五二—一六一〇）と彼を反駁した同じイエズス会士ロンゴバルド Longobardo（一五五九—一六五四）との対立に端を発し、十七世紀初頭から、約一世紀のあいだヨーロッパとシナを動揺させた。ロンゴバルドの反駁論文は、一七〇一年、イエズス会の反対派パリ外国宣教会により仏訳が刊行され、ライプニッツやマールブランシュの知るところとなり、シナの典礼論争は、ヨーロッパでもキリスト教の世界化運動にまでも発展する動きもあったという（一〇一―一〇二頁）。

〔付記〕本稿執筆後、ヨーロッパ人の視点から啓蒙時代における東洋の役割をとらえようとした研究書にマルク・クレポン『啓蒙哲学の鏡に映じた東洋』*L'Orient au miroir de la philosophie. / Une anthologie* par Marc Crépon（AGORA, 1993）がある。これは撰文集に解説を加えた小冊子であるが、編者が対象とした東洋は中国とインドであって、残念ながら日本は含まれていない。とはいえ拙論との関係でいえば、啓蒙時代には現地からイエズス会士等の伝える中国の宗教（=儒教）がキリスト教と両立する可能性が議論の的になり、真の宗教をめぐってヨーロッパの宗教界に激震がはしった理由をマルク・クレポンが解説している。

フランス啓蒙思想家の中でも中国の宗教、政治制度等に格別の関心をしめしたヴォルテールは、中国にならい、ヨーロッパにふさわしい宗教の輪郭を次のように浮き彫りにした点がとりわけ注目される。

(1) 人々には〔勧善懲悪を説く〕単純な宗教ほど必要なものはない。

(2) 人々を分裂させないような、いかなる宗教も存在しない。

最後に、フランス留学時代の恩師で、いまは亡きジャック・プルースト教授の名著『十六―十八世紀のヨーロッパ像――日本というプリズムを通して見る』（山本淳一訳、岩波書店、一九九〇年）について一言。書名にも明記されてように、教授の強みは、拙論のように十八世紀の一思想家を研究対象にしたものではなく、時代も十六世紀にまで遡り、いわばヨーロッパの「古層」にまで分け入って、渡来したヨーロッパ宣教師の事績等を攻究している点にあるといえる。このように巨視的に西洋思想の潮流をとらえる作業はいくつもの言語に精通したヨーロッパ人にしてはじめてなしうるものであって、日本の研究者が容易に立ち入れない研究領域に属するものと考え、わたしの非力を告白せざるをえない。

なお、この本についてはわたしなりのコメントを用意しており、目下、準備中の別の単行本においてあきらかにする予定である（二〇〇七年一月記）。

2　ディドロにおける政治思想の粗描

——『百科全書』から「一七七二年の三部作」まで

はじめに

ダランベールと共に『百科全書』の責任編集者として知られるドゥニ・ディドロ（一七一三―一七八四）の政治思想については、ジャン＝ジャック・ルソーの首尾一貫した政治理念と後世に及ぼした輝かしい影響に圧倒されて、これを格別に取扱った研究は、私の知る限り、極めて少なかったように思われる。(1) ルソーの政治思想にかんする夥しい研究書と比べれば、その観が一層強い。

その数少ない研究書のなかでも、ディドロ研究の第一人者ジャック・プルースト教授は、『ディドロと「百科全書」』（一九六二年）の中で、「ディドロの政治思想が多様化し、極めて興味深くなるのは、一七六五年以降のことで、彼が、非常に具体的な一連の問題、すなわち、レナールとの植民地の問題、ガリァーニとの小麦の交易ならびに、とりわけ、ペテルブルグへの旅行中の、ロシアの豊かで、変転する現実を研究する機会と余暇とを有した時である(2)」と述べている。

その後、このようなプルーストの指摘を受けて立ち、「『百科全書』以後、ディドロの政治思想が進展し、新たな豊富さと活力とを帯びるにしたがって、その複雑性と、時として起る明白な矛盾との解明(3)」を目指して、アンソニー・ストラグネルが『ディドロの政治学』（一九七三年）を発表するにいたって、『百科全書』の出版をめぐる壮年期から晩年に至る、ディドロの政治思想に漸く光があてられはじめてきた。

本稿は、当初の計画では、晩年の、ディドロの政治思想を分析するはずであったが、その際に、ディドロも積極的に執筆協力したので、どうしても避けて通るわけにはいかないレナール師の『両インドにおけるヨーロッパ人の植民事業と通商にかんする哲学的・政治的歴史』(4)（以下、『両インド史』と略記する）をめぐる文献整理に未完の部分を多く残しているため、第一の暗礁に乗り上げてしまった次第である。

第二には、晩年のディドロの政治思想についてはいずれ稿を改めてまとめる予定であるが、生前に蔵書を買い上げてくれた露帝エカテリーナ二世に謝意を表するため、一七七三年六月にフランスを出発する直前に完成を見た、いわゆる「一七七二年の三部作」(5)のうちにも、ロシアの現実に接する前の、後期のディドロの政治思想の萌芽をさぐれるのではないかとの感触を得るに至ったので、この際、思いきってテーマをかえてみた。

そこで、本稿ではディドロが『百科全書』にいくつかの政治項目を執筆した時代（一七五一―一七六五年）、とりわけルソーとの交遊が密であった時期に彼が表明した政治思想を折にふれて想起しつつも、『人間不平等起原論』（一七五五年）にその原型をみる一般意志の着想から『社会契約論』（一七六二年）における、当時としては「革命的」であった、人民主権の構想へと発展させていく「仲の悪い兄弟」frère ennemiとの決定的な訣別後も、ディドロが、彼なりに、密かに初期の政治思想を反芻し、発展させていたという、彼の思索のあとを「一七七二年の三部作」を中心に考察してみたい。

I 『百科全書』の時代におけるディドロの政治思想

故小場瀬卓三氏は、ディドロにおける政治思想の展開を次の三期に分けておられるので、その区分と、同氏の見解とを紙幅の関係であえて単純化して、次に紹介したい(6)。

一、『百科全書』の時代(一七五一―一七六五)――この期の、ディドロの政治思想は、ロック、ルソーからの借り物が多く、総じて寄せ集めだった。

二、『百科全書』からアメリカ独立へ(一七六五―一七七五)――この間のディドロの政治観は、モンテスキューのそれに近いが、ルソーにはまだ後れをとっていた。しかし、主権が人民にあることを認めるなどの進歩があった。

三、アメリカ独立から晩年へ(一七七五―一七八四)――この期に至って、アメリカの独立を叫ぶとともに、人民に抵抗権があるという見解に立った。レナール師の『両インド史』(一七七〇年)の第二・三版への執筆協力において表明される、人民こそが至上権をもつという主張によって、ルソーが一七六二年に達していたのと同じ結論に到達した。

筆者の短いレジュメが同氏の真意を正しく伝えているとすれば、ディドロにおける政治思想の進展過程がこれほど鮮明に裁断されたことはかつてなかったように思われる。

初期のディドロの政治思想は、故小場瀬氏もそうされたように、これまでルソーのそれやドルバックのそれと関係づけて論ぜられることが多かったが、ディドロがホッブズから受けた強い影響を無視することはできないように思われる。この点では、ドラテの『ジャン＝ジャック・ルソーとその時代の政治学』[7]が、グロティウス、プーフェンドルフ、ホッブズ等、ルソー、ディドロの接しえた当時の古典的自然法理論家の原典を徹底的に渉猟し、ルソーの政治思想の源泉を追究した書として、知られている。

ドラテが解明した多くの研究成果を踏まえながら、ジャック・プルーストは、一九六三年に発表した雑誌論文「『百科全書』へのディドロの貢献と自然法理論」[8]の中で、初期のディドロが学びえた当時の自然法理論家の総点検を行っている。プルーストは、具体的に、グロティウス、プーフェンドルフ、トマジウス、ビュルラマキ、ロック、ホッブズの名を挙げ『百科全書』にいくつかの政治項目を執筆しなければならなかったディドロの典拠を明示した上で、彼の政治思想の源泉を検討している。

プルーストに依れば、ディドロは、グロティウスも、プーフェンドルフも、ファースト・ハンドで読んだとは言えないようであるが、前者からは、ディドロの政治上あるいは生理学上の、中心命題の一つとして重要な〝社交性〟sociabilitéを、また後者からは、ルソーと異なる「自然状態」état de natureに関する二つの考え方を学んでいるという。プーフェンドルフからは、主権論も吸収しているがこの問題では、とりわけ、ホッブズの影響が大きいことをプルーストは重視して、ディドロの政治思想、とくに、主権論におけるホッブズの介在を強調する。

この点は、ルソーの政治思想とディドロのそれとの大きな分岐点の一つとなっていくものと考えられるので、プルーストの鋭い所論にはいずれ立ち戻ることにして、ここでは、法理論を学んでいた頃のディドロの主権論をめぐっての主張を、『百科全書』の二、三の項目にさぐってみたい。

彼の政治項目として、最も重要なものは、『百科全書』の第一巻（一七五一年）に発表された《政治的権威》Autorité politique であることはあまねく知られているが、この項目の冒頭に「何人といえども、他人に命令する権利を自然から授かってはいない。自由とは、天からの贈物であり、同じ種族の各個人は、理性を享受するやいなや、自由を享受する権利を有するのである(9)」とあり、「君主はその臣民から得る権威を保持するが、この権威は、自然と国家との法によって制限されている。自然と国家との法は、臣民が君主の支配に服従しているか、服従していると見なされる条件である。〔中略〕それ故、君主は、国民の同意なしに、そして、服従という契約においてしるされた選択とは無関係に、この権力と臣民とを自由にすることはできないのである(10)」と表明されている。

一七五三年に刊行された『百科全書』の第三巻には、ディドロの主権論を考える上で重要な項目《市民》が含まれている。ディドロは、次のように書く。「ホッブズは臣民と市民とのいかなる区別もしていない。臣民という語をその厳密な意味に、市民という語を最も広い意味にとり、後者〔市民〕の法だけに対する関係は前者〔臣民〕の主権者〔君主〕に対する関係と同じであると考えるならば、そのことは正しい。両者は同様に命令をうけているのだが、一方は精神的存在 être moral によってそうなのであり、他方は肉体的人格 personne physique によってそうなのである(11)。」この両者の関係をもっと明確にしようとして、ディドロは、このようにも指摘している。「主権者の精神的存在が市民に対する関係は専制君主の肉体的人格が臣民に対する関係と同じであり、最も完全な奴隷といえどもその全存在を主権者〔君主〕に譲渡するわけではないのだから、ましてや市民は自らが保有し、決して手離すことのない諸権利を有するのである(12)。」

さらには、一七六五年に刊行される『百科全書』の第八巻には、ディドロの執筆した最も長い項目の一つである、有名な《ホッブズ主義》[13]が含まれているが、この項目では、ホッブズ哲学の解題に多くの頁が費やされていて、筆者がここで、主として問題にしている、ホッブズとディドロとの主権論の解明に役立つ言及にとぼしいので、ここではとくに深入りしないこととする[14]。

そこで、先ほどのプルーストの論考に再び戻ると、彼は現在までにホッブズとディドロとの関係を取上げたティールマンがその論考[15]の中で、筆者も先に引用した、項目《市民》における主張（注12参照）を重視しているものの、何故重要なのかを言っていないとして、次のようにディドロの主権論を解明している。

「ホッブズが個人的または集団的主権者の中に具現されない主権者の精神的人格を認めないのに対し、ディドロは主権者の精神的人格と個人的または集団的人格を切離す。二つの人格が事実上結合しているとしても、彼は権利上で二つの人格を分離させるのだ。例えば、君主制では市民社会の精神的存在を具現し、一般意志を代表するのは法であって、君主ではない。従って、各個人が社会契約によって服従するのは、まず法の権威に対してであり、公共の精神的人格のために個人の意志と力とを放棄する行為が各個人をして市民とならしめるのだ。事実上〔傍点は原文でイタリック体〕、君主は一人であるが、権利上〔同上〕、君主は二人となるのだ。つまり、彼は代表権をもつ公共の精神的存在であると同時に、私的人格でもあるのだ[16]。」

あくまでも理論上での整合性を追求するあまり、ディドロは主権者と市民との関係をいささかユートピックに図式化しているとして、プルーストはさらに次のように指摘する。

「市民は、主権者の精神的人格そのものである、あの架空的存在être de raisonだけのために意志と力とを放棄するのだということを実際にひとが認めるとすれば、この存在の本性とそれに権威を授ける契約の性格から、主権者はどのような点においても個人の利益を侵害したり、その自由に害をおよぼしたりすること、一語で言えば、自然権に違反することなど考えられないことになる。なおそれどころか、主権者の《王笏》glaive は、群れ[17]の無政府状態が人間から奪おうとしていた自然権を、人間に十全に享受させてくれるのであり、人間に平和と安全と自由とを返還してくれるのである[18]。」

「主権者はまず第一に架空的存在で、第二に《専制君主の肉体的人格》である」とディドロが考えていることから、プルーストはその論考の末尾で、ディドロにとっては、「実定法は正と不正との法則であり、自然法はモラルの問題における崇高な権威である。〔中略〕実定法は君主の意志の表現ではなく、主権者の精神的人格によって代表される市民社会の一般意志の表現〔傍点は原文でイタリック体〕である[19]」として、実定法が政治体における正と不正との法で、これが自然法に合致しているかどうかを良心に問う必要はないと結論づけている。

次節で見るように、『百科全書』の頃のディドロは、ルソーのそれと比較すると、同時代の法学者、とりわけ『百科全書』に政治関係の項目を執筆したブーシェ・ダルジ、ジョクールらと同じく、古典的自然法理論の解釈に立脚して、その政治思想を整理し、展開していたと考えられる。『百科全書』の第五巻にルソーが執筆した項目《政治経済》《Economie politique》よりも少し後で書かれたと考えられる項目《自然権》Droit natural〔一七五五年〕において、ディドロは、やがてルソーにあっては全く別の次元で昇華されていく「一般意志」について、次のように述べている。

「〔前略〕個人から正と不正との本性を決定する権利を奪ったら、われわれはこの大問題をどこへもっていくべきだろうか。どこへか。人類の面前へだ。これを決定できるのは人類だけだからだ。というのも万人の福祉は人類が有する唯一の情念だからだ。個人の意志は疑わしい。それは善いこともあり、悪いこともありうるかもしれないが、一般意志は常に善いものなのだ。それは決して欺いたことはなかったし、今後も欺くことはないだろう。[20]」

古くは、ルネ・ユベールも指摘したように、[21] ルソーの『社会契約論』（一七六二年）の主導的構想が一七五三―一七五四年に固まりかけていたと考えることができるならば、この期のディドロにとっては、たとえルソーによる項目《政治経済》に目を通す機会があったとしても、ルソーがその項目の中で述べた次の言葉の真意とその後の展開を十分に理解できていなかったにちがいない。

「〔前略〕政治体はまた一つの意志を有する精神的存在 être moral である。そして、常に全体と各部分との保存と安寧とを心がけ、法の源泉である一般意志は、国家のすべての成員にとっては成員と国家との関係において、正と不正の法則なのである。[22]」（傍点は引用者）

古典的自然法理論解釈の枠内で主権論の整合性を展開していたかにみえるディドロにとっては、ルソーの言う「一般意志」が政治体そのものに深くかかわる命題であったばかりか、やがては、それが政治体に本質的なものになっていくことに気付くにはあまりに程遠かったと言えるだろう。

君主の精神的人格のうちに具現する（とディドロの考える）実定法に市民が異議をはさむことができないと断言していたディドロの、この期の政治思想を指して、プルーストは、「これ以上に全体的にホッブズ的になると同時に、これ以上にホッブズの思想から遠ざかることもおそらくむつかしいことであろう。ディドロの同時代人の何人も彼を理解しなかったことは想像できる。おそらくジャン＝ジャック・ルソーを例外として[23]」とディドロに手厳しい指摘をしている。

とはいえ、ダランベールと共に、『百科全書』の責任編集者として、政治思想の分野では、グロティウス、プーフェンドルフ、ホッブズ等はもちろんのこと、ビュルラマキやバルベラックの法理論には、ルソーほどの深い造詣を有していなかったとはいえ、ディドロは、他のアンシクロペディストと同等か、もしくはそれ以上に通暁していたのである。

Ⅱ　ルソーが見たディドロの政治思想の問題点

第Ⅰ節で言及したドラテの『ジャン＝ジャック・ルソーとその時代の政治学』に依れば、「ルソーが法学や政治哲学の領域において広汎な読書を行なったのはとりわけ一七五〇年と一七五六年の間である[24]」。ルソーが一方的にディドロと手を切ったと公に表明するのは、一七五八年に刊行された『演劇にかんするダランベール氏への手紙』の「序文」の中なので[25]、この著作を生む動機となったダランベールの項目《ジュネーブ》（一七五七年十月に刊行された『百科全書』の第七巻に掲載）に先行した数年間、つまり、ドラテの指摘した一七五〇年代の前半は、ディドロも『百科全書』の編集責任者として、彼なりに政治思想にかんする文献を博捜していた頃にあたっている。

ルソーとちがい、ディドロは、『百科全書』の編集責任者として、この世紀の大事業の全項目に亙って文献を渉猟していたので、先にプルーストが指摘したように、政治関係項目の執筆にあたっても、必ずしもファースト・ハンドの文献を読んでいたわけではなかった。とりわけ、ディドロにおいては担当した「哲学史」執筆の際に粉本としたドイツの哲学史家ヨハン・ヤーコプ・ブルッカーの『哲学の批判的歴史』（一七四一―一七四四年、ライプチッヒ）が彼の政治項目に果した役割を見逃すわけにはいかない。(26) プルーストに依れば、ディドロは自然法理論の大本となる基礎原理をこの著作から見出していたという。(27) ディドロは、ブルッカーのこの書を通じてホッブズの体系をよく理解したばかりでなく、ブルッカーの犯したホッブズの誤訳を訂正したという指摘もされている。(28)

従って、この期にルソーが熟読したグロティウスの『戦争と平和の法』やプーフェンドルフの『自然法と万民法について』等や彼らの著作をラテン語から訳したバルベラックの仏訳書にはディドロも目を通していたばかりでなく、彼ら二人は共通の書物を読んでいたのである。ディドロの、最初の重要な政治項目となった《政治的権威》において言及される『スペイン王国諸州に対するきわめてキリスト教的な王妃の権利に関する規約』については、ルソーも『人間不平等起原論』の中で巧みな専制主義批判に逆用していることは周知の通りであろう。(29) ディドロが「自然状態」にかんする考え方の示唆をうけたプーフェンドルフにいたっては、『人間不平等起原論』と『百科全書』の項目《政治経済》の執筆中に、ルソーが絶えず、バルベラックの仏訳書を使っていたことも知られている。(30)

このように、仲の良かった頃のディドロとルソーが共通の著作に親しんだり、法学や政治哲学の分野では友人よりも広汎な研鑽を積んでいたルソーの方が、ディドロに研究成果を伝えたことも十分考えられるとして、プルーストは、「これこそ、思想の典拠の該博な研究が空しいものではなくとも、必然的に期待外れにならざるをえないように思われる典型的なケースの一つなのだ」(31)と喝破している。

この期の二人が政治思想上、ほぼ似かよった視点から同じような問題に取組んでいたということを筆者がここで強調しておきたいのは、ルソーの側からの公の訣別宣言後も、両者の間には内面の対話が杜絶してしまったのでなく、少なくともディドロの裡にあっては、その後も一層内心化した対話を持続させようとする意図が消滅することがなかったように思えるからなのである。晩年にディドロ側から湧きおこる対話の復活を具体的に考察する前に、若き日の両者が同じ問題を論じ、同じ用語を使いながらも、二人の間に思想上の微妙な齟齬をみせていたことをここでひとまず整理しておきたかったのはそのためなのである。

1　ディドロが考えた「自然状態」から「社会状態」への推移

『人間不平等起原論』においてルソーが「仮説的で条件的な推理」[32]によって展開した思弁的な人間社会の発達史と比較すると、ディドロのそれは論理の緻密性に欠けるという印象を与えがちであるが、ディドロも彼なりに人間社会の「哲学的」推移を考察していた。この点で、『百科全書』において最初に注目される項目は、第一巻に含まれる《農業》であろう。この項目の中で、ディドロは次のように書いている。

「農業は法律と社会とともに生まれた。それは土地の分割と同時代にあたっている。地上の果物が最初の富だった。人間は、いろいろな場所に移住して他人の幸福や不幸を知るよりも、自分たちが住む地上の一角で至福を増やすことの方に執着していたあいだは、その他の富を知らなかったが、征服の精神 esprit de conquête が社会を拡大させ、奢侈、交易や諸国民の偉大さや悪意といった、その他の明白な特徴を生みだすやいなや、金属が富の表象となり、農業は当初の名誉を失ったのだ[33]。」

この引用文では、「自然状態」から「文明化された自然」への分析はされておらず、すでにいく人かの人間の集り société が成立した段階から農業が始まることが記述されているにすぎない。さらに、征服の精神がなにを指すのか明示されていないが、例えば次に引用するテクストと読み合わせてみると、効用性

utilité に端を発した才能の不平等を指すらしいことが判明するだろう。

次に、人間の集りに先行した「状態」と社会の成立後の「状態」とを段階的にディドロが分析しているテクストがあるので、少し長いが、次に引用してみよう（そのテクストとは、『プラド師弁明』の第三部と見なされる、その『続編』（一七五二年）で、プラド師の博士論文を論駁した『ドセールの司教の司教教書に答える』という別名をもっている）。

ディドロは、このテクストで彼の考える「自然状態」とは「哲学者の間では群れ（集合体）として *en troupeau* としてであって、人の集りとして *en société* 考えられるのではないアダムの子孫の現実の条件のことである」とした上で、「私が群れの状態という語で意味するのは、猿や鹿や小鳥等のように、自然の単純な扇動によって寄り合った人間たちが義務に服従させる、いかなる協約も結ぶことなく、協約の遂行を強いる権威も構成しなかった状態のことであって、そこでは、怨恨、つまり存在物の保存に気を配る自然が他の人間にとっては恐るべきものにさせようとして各個人のうちに植えつけた、あの情念が不正の唯一の歯止めとなっている状態のことである」[34]と定義している。

従って、彼の言う「群れの状態」は、ドセール司教が反駁のため援用する聖書の「創世記」の「自然状態」と同じだと反論を付け加えた後で、ディドロには次のように言っている。

「かくして効用性そのものの魅力と形体の類似（中略）とによって人の集り（結合体）société というよりも群れ troupeau として互いのそばに定着した人間たちが現われる。というのもいまだいかなる法によっても束縛されていず、はげしい情念に動かされて、自然が不平等に配分した力や鋭敏さ等に従って結集の共通した利点をこぞって私有しようとするので、弱者は強者の犠牲となり、強者は逆に弱者に不意に襲われ殺されることもありうるであろうし、まもなく才能の不平等は効用性そのものと外面上の類似性が相互の保存のために示唆した絆の芽を人間のあいだでぶち壊してしまうだろうからだ。」

それでは、人間も動物のように、互いに貪るように喰い合って全滅し果てるだろうかと自問し、ディドロは自ら発した問いに「否」と答えて、次のように続けている。

「彼ら〔＝人間たち〕は才能の不平等などの上にもとづいたこの権利、そのために圧迫される弱者と必然的に破局を迎えることになる強者にとって一様に致命的な、この権利の危険と野蛮さとを感じとることだろう。そして、自然の不平等などを償うか、あの忌まわしい結果を防ぐ協約を人間のあいだで結ぶことだろう。なんらかの権威が協約の遂行とその持続とに目配りする役目を負うことだろう。そうなると人間はもはや群れ troupeau ではなく、文明化された人の集り société policée〔＝社会〕となるだろう。彼らはもはや規律のない放浪の未開人ではなく、われわれが目にするのと同じように、都市に閉じこめられ、政体に服従する人間となるだろう。(35)」

以上の長くなった引用において、ディドロが表明した重要な主張は次の何点かにしぼられるかと思われる。

一、想像上の、孤立した原始人は、寄り集まったほうが同類を助け合うのに有利なので、群れの状態〔彼の言う「自然状態」〕をつくる。

二、ところが自然状態でも不平等が存在するから、弱者は強者に圧迫されるが、前者は後者に仕返しをする。

三、この繰返し〔無政府状態〕が続けば、人間は全滅してしまうので、この事態を食い止める協約を制定する。

このようなディドロの主張に対し、ルソーは、『人間不平等起原論』の第一部において、仮借ない反論を加えている。彼はディドロが自然状態でも存在すると見た不平等は、「自然の状態においては社会の状態よりもいかに少ないものであるか、また自然の不平等が人類においては制度の不平等によっていかに増大せざるをえないか(36)」と指摘して、このような不平等は習慣とか生活様式からおこる人為的なものであることを鋭く抉っている。

次に、弱者が強者に圧迫されるとディドロが主張した点に触れて、ルソーは、「私はたえず、強者は弱者を圧迫するものだとくりかえし言われるのを聞く。しかしこの圧迫という語の意味を説明してもらいたいものだ(37)」と問いかけ、ディドロや彼が影響をうけた自然法学者が強者による暴力の行使をノーマルなものと考えたことを論難した。つまり、ルソーにとっては、強者による弱者の圧迫も労働の分業と土地の分割から生じる経済の発達から必然的におこるものだからして、ディドロが両者の角逐を防ぐための協約(＝契約)を説いたことを到底受入れることはできなかった。

ルソーの用語に従えば、ディドロの強者は彼の富める者に相当するだろうが、富める者と弱い者との契約は、両者に平等な関係をもたらすどころか、逆に後者に一層不利な事態を招くことを見通していた。

「この社会と法律が弱い者には新たなくびきを、富める者には新たな力を与え、自然の自由を永久に破壊してしまい、私有と不平等の法律を永久に固定し、巧妙な簒奪をもって取り消すことのできない権利としてしまい、若干の野心家の利益のために、以後全人類を労働と隷属と貧困に屈服させたのである(38)。」

2　ディドロの考えた主権者の人格

ディドロが主権者（君主）の人格を二つに分けて、その市民に対する関係を精神的存在とし、臣民に対する関係を肉体的人格とし、純粋に法理論上から考えられる本来の性格から、特に前者における恣意性の否定に到達していたことは、本稿の第Ⅱ節でやや詳しく検討した。ディドロは『百科全書』の項目《政治的権威》においても、「〔前略〕王位、政府と政治的権威〔傍点は原文でイタリック〕は、国民の総体《コール》が所有者であるような権威であり、君主がその用益者、代行者ならびに受託者である[39]」と述べて、国家の主権がゆだねられる君主が用益者にすぎないことを繰返し強調した。

この点にかんしても、プルーストが指摘するように、ルソーの批判の対象はホッブズに向けられていると考えられるが、「ルソーは、なんびとといえどもこれまで己の自由をすすんで放棄したことはないとはげしく否認していた。[40]」

『人間不平等起原論』の第二部において、ルソーは、権力者の世襲化、主権の空文化への警戒を呼びかけ、次のように述べている。

「首長たちの野心は、こうした事態を利用して、家族内における自分たちの地位・職権を永久化した。〔中略〕世襲となった首長たちは、その為政者の職を家の財産の一つと見なし、最初は国家の役人にすぎなかったのに、自分を国家の所有者と見なすことに慣れ、同胞の市民たちを奴隷と呼び、彼らをあたかも家畜のように、自分の所有物のなかに数え入れ、さらに自分を神に等しき者とか王のなかの王などとみずから称するに慣れてしまったのである。[41]」

このように、ルソーは、ディドロが主権論の整合性をめぐって、君主の人格を分離させた問題、つまり、多分に観念的にすぎた、「公人」と「私人」とに二分割したことの弱点を剔抉したばかりでなく、制度化された後に必然的におこりうる官職の私物化にも警鐘を鳴らしていたのである。

3　アンシクロペディストたちが重視した《基本法》

ルネ・ユベールに依れば、大半のアンシクロペディストたちの法解釈は、ローマ起源説を主張するデュ・ボスに反対したモンテスキューのゲルマン起源説が基調になっていたという。従って、「第一に彼らはゲルマン起源説を承認したこと、第二に、彼らはそこから、《〔国家〕基本法》によって制約される、制限君主制理論を引き出していたこと〔後略〕」とが指摘されている。(42)

それでは一体《基本法》とはなにかということが問題になるが、『百科全書』の第九巻（一七六五年）において、シュヴァリエ・ド・ジョクールが項目《基本法》の中でこの語の意味するところを次のように説明している。

「広義に解される国家の基本法とは、国民の全体が政治形態はどうあるべきか、王位をどのように継承するのかを決定する法令であるばかりでなく、国民と、主権を国民が付託する人か人々との協約でもある。この協約は統治すべき方法を定め、主権に制約を規定する。

〔中略〕本当のことを言えば、これは真の協約である。けれども、協約は双方の当事者の間で服従すべきものなので、法の力さえ有しているのである。(43)」

ディドロは項目《政治的権威》においては、《基本法》の具体的内容にはふれていないが、そこには次の表現が含まれている。

「〔前略〕君主が従属するのは国家ではなく、国家が君主に従属しているのだ。けれども国家内で統治するのは君主の権限に属している。というのも国家はそのために君主を選んだのであり、君主は国民に対し公の問題の管理を約束したのであり、国民の方では、法に従って君主に服従することを約束したからなのだ。」[44]（傍点は引用者）

ジョクールとディドロの説明にもとづいて、《基本法》のなんたるかを考えてみるならばこれは君主と臣民（国民）との契約の際に要求される協約と考えられる。つまり、それは制限君主制国家の運営にあたり、君主と国民の双方が遵守する義務を負う、当事者間の約束に相当することだろう。そして、両者の関係が全き均衡の上に成立していたかに見えたアンリ四世の治世が百科全書派の理想だったのである。[45]

このように、あくまで制限君主制における権力譲渡の法的枠内で《基本法》を考えていたディドロをはじめとするアンシクロペディストたちと、それの意味するのは、「国家主権の政治的表現」と考えたルソーとの間に、この語をめぐって対立があったとする、プルーストの鋭い指摘[46]は重要であるが、この問題にかんしてもアンシクロペディストたちとルソーと理念上の齟齬は決して取り除かれることはなかったのである。

ルネ・ユベールは、ルソーがアンシクロペディストたちの考える《基本法》の解釈を捨て去った時、彼らと訣別したとかつて解釈したほどなのである。[47]

以上、1、「自然状態」から「社会状態」へ、2、主権者の人格、3、《基本法》の三点にしぼって、ディドロとルソーの政治思想の対立、というよりも、ルソー側から見たディドロの発言の問題点を整理してみたが、もとより両者の対立は、これだけにとどまるものでないことは言うまでもない。

いずれにせよ、ルネ・ユベール等に代表される見解が今もって有効であるとすれば、ルソーが『社会契約論』（一七六二年）の最初の構想を得るに至った一七五六年から国家主権の理念をめぐって、彼とアンシクロペディストとの間に生じた溝は深まっていくばかりだったことになる。一般意志そのものが公共の精神的存在で、それを具現する国民が主権者であるという、いわゆる人民主権論へと傾斜していく前者とこの期にいたっても、制限君主制における君主と国民との関係を規定する協約（《基本法》）に足をとられていた後者とは、以後も決して交わることのない平行線を辿っていくことになるであろう。

ただ、『百科全書』の時代には当初協力し合ったディドロとルソーがその後訣別して何年も経過した後、つまり、ディドロにとっては『百科全書』の完成からロシアに旅立つまでのあいだに、彼の考える「自然状態」をはじめとする、人間社会がうちに孕む諸問題をいま一度考え直す機会に見舞われることだけをここで指摘しておきたい。

Ⅲ　「一七七二年の三部作」におけるディドロの政治思想

ディドロが一七七〇年代に入ってから『人間不平等起原論』（一七五五年）を書いた頃のルソーと、「一七七二年の三部作」の、とりわけ、最後の作品『ブーガンヴィル航海記補遺』（以下、『補遺』と略記する）の中で対話を試みようとしたとする見解は決して新しいものではない。『補遺』の最初の批判版を刊行したジルベール・シナールは、その序文において、「『人間不平等起原論』の刊行後、二十年近くたって、彼〔＝ディドロ〕はルソーが有名な論文を執筆していた時にジャン＝ジャックと議論した逆説を再度取り上げ、完成させた[48]」と指摘しているし、二番目の批判版を出したヘルベルト・ディークマンは、同じくその序文において、約十八頁にわたり、両作品に共通する問題と意義について、詳しい分析を行っている[49]。いくたの有益な示唆に富むディークマンの序文の分析をここで詳しく紹介する紙幅はないので、次にとりわけ重要だと思われる指摘をまとめておきたい。

一、ルソーの『人間不平等起原論』とディドロの『補遺』は、どちらか一方が他方の思想を摂取したというような作品関係ではない。

二、両作品には共通テーマが含まれているが、その比重は同じではない。

三、両者とも文明状態にいる人間を分析しているが、「ルソーによる文明人の不安感《マレーズ》の分析は、ディドロのそれよりも詳細で、広汎で、深い。」

四、この文明人の不安感の分析においてはルソーがその原因を歴史的・社会的根源に遡及している点で、彼は十八世紀における歴史的・弁証法的思想の発展に偉大な貢献をした。

以上、G・シナールとH・ディークマンの研究が雄弁に物語るように「一七七二年の三部作」においては、その結論部を形成する『補遺』がルソーとの関係では、とくに重要な位置を占めることは明白であろう。

ディークマンも少しはふれているが、それほど掘り下げていないように思われる『補遺』の重要なテーマの一つに、ディドロの主張する「三つの法典」がある。彼は『補遺』の登場人物（対話者のB）に次のように言わせている。

「法律が矛盾しあっている時に、どのようにしてそれを遵守せよと言うのかね。各世紀と近代および古代の諸国民の歴史をざっと点検してみて見給え。そうすれば人間が三つの法典、つまり、自然の法典、市民の法典、宗教の法典に服従されているが、かつて一致したためしのない、これら三つの法典に代わる代わるに違反するよう強いられていることが分かるもんですよ。このことから、われわれの国についてはオルー〔＝タヒチ人〕が推測したように、いかなる国においても、人間も、市民も、信心家もいないということになるんだよ。(50)」

対話者Bの、このような意見をうけて、対話者Aは次のように答えている。

「〔前略〕三つの法律すべてを維持することが必要と考えるなら、あとの二つ〔＝市民と宗教のそれ〕は第一の法律〔＝自然のそれ〕の厳密な敷写しだけにしなければならんだろうし、われわれはそれを心の奥底に刻みこんでもち歩くことになるよ。それは常に最も説得力《フォルト》があろうからね。(51)」

二人の対話の中で、自然に逆らって、さまざまな足枷で人間をがんじがらめにしてしまった結果、人間が「どんなに自然と幸福から遠ざかってしまったことか」と嘆く対話者Bの発言をうけて、対話者Aは、さらにこうしめくっている。

「諸国民の法典を自然の法典に厳密に合致させたならば、それはなんと短くなることだろうか。人間は、どんなに多くの悪と過ちから免れたことだろうか。(52)」

以上に引用した対話者AとBの主張をまとめてみると人間は自然の法典だけを遵守すればよくて、あとの二つは無視した方がよいという結論に行きつくことになるであろう。

現に、「一七七二年の三部作」の一篇をなす第一の作品『これはコントではない』と第二の作品『ラ・カルリエール夫人』は『補遺』の対話者AとBが非難した「市民の法典」と「宗教の法典」を遵守したためにおこった悲劇を扱っていると考えられる。といっても、ディドロの短篇においては、ディークマンがいみじくも注意するように、ルソーにおけるように「私有」と「不平等」がひきおこす問題が中心テーマとなっているのではなく、「市民法が恋愛の情念に惹起させる混乱」(53)に力点が置かれているところに特徴がある。第一の短篇に登場する貪欲な娼婦ラ・レメール夫人は、すでに巨額の財産をためこんでいるにも拘らず、その愛人である純朴なタニエを搾取し、死亡させている。この点で彼女は本来無償であるはずの愛を金と交換しなければならなかったフランスの「市民」社会の生んだ怪物と解せよう。第二の短篇の主人公ラ・カルリエール夫人とシュヴァリエ・デロッシュとは、前者が結婚という「市民的・宗教的」形式の遵守を後者に要求しすぎたため、また、後者はその要求をききいれすぎたがために生じた「世間の無定見」の犠牲となったと見なすことができるだろう。

ディドロはこのように、『補遺』よりも先に執筆された二つの作品において、ラ・レメール夫人やラ・カルリエール夫人が住む同時代のフランスの社会悪を告発していると考えられる。従って、フランスの対蹠地として把えられているタヒチ島は極端に美化されて描写されている。この点は次の二人の対話にもうかがうことができる。

「B――〔前略〕ぼくは考えるんだが、地球の人里はなれたこの一角を除けば、良俗《ムール》などあったためしはないし、今後もおそらくどこにもないだろうね。

A――良俗ということで君は何を意味しているのかね。

B――ぼくの意味するのは、良い法律や悪い法律への全面的な服従とそれに一致した行動だね。法律が良ければ、習俗は良くなるし、法律が悪ければ習俗も悪くなるさ。良かろうが、悪かろうが、法が遵守されなければ——こいつは社会の最悪の条件だろうが——良俗《ムール》などありゃせんのだ。」[54]

その結果、「悪い法律」のもとに生きるラ・カルリエール夫人は、過去に女性遍歴のはげしかったデロッシュには結婚式の席上で次のように求めざるをえなくなってしまうのだ。

「あなた、わたしはこれからわたし自身と財産とをあなたにまかせますし、わたしの意志と気紛れもあなたにゆだねます。わたしにとって、あなたはこの世の中で掛け替えのないものとなっていただかねばなりませんが、わたしもあなたにとって、掛け替えのないものとならなければなりませんし、わたしはもっと小さなことで不満になることもありうるのです。わたし、思うのですが、いまのところは、わたしはあなたにとって掛け替えのない人ですし、わたしにとってはたしかにあなたは掛け替えのない方です。けれども、あなたはわたしよりも愛らしい女の方に、わたしはそのようにみえるお方にお目にかかることも十分にありうることなのです。もしも、そのお方が実際上か、あるには想像上でおもちの良き面がずば抜けているから浮気が許されるというのならば、もはや良俗《ムール》は消えてしまうことでしょう。[55] わたしには良俗《ムール》がありますし、もっていたいのです。あなたにもそうあっていただきたいのです。〔後略〕」

このようなラ・カルリエール夫人の側からの、必死の浮気防止策を強制されたにも拘らず、生まれた子供の授乳期間中、妻（＝ラ・カルリエール夫人）に近づけない、「性欲が強くて、このような節制に慣れていない若者」（＝デロッシュ）[56]は、夫人との誓いをまもることができず、両人とも、前にふれたような悲劇の主人公になってしまうのである。

たしかに、これらの主人公が現実に生きるフランス社会は、「単なる肉欲に還元された愛の情念がわれわれの混乱のいかなるものもおこさなかった」[57]タヒチ島と同じモラルや習俗の上に成り立っていたのではなかったけれども、ラ・カルリエール夫人がデロッシュに求めた誓約は果して正当なものだったのだろうか。ディドロはこの短篇においても、彼の立場を明白に表明しているとはいえない。ただ、この作品の末尾で、二人の対話者にこう言わせているところがある（話題の人物は、自分の過ちを素直に認め、社会制裁を十分にうけたデロッシュである）。

「――では、嫁にやる娘が君にあるとすれば、デロッシュにくれてやるだろうか。

――躊躇なくね。」[58]

短篇『ラ・カルリエール夫人』の末尾で登場人物の一人がもらすデロッシュの評価を文字通りディドロのそれと見なすことは危険であろうが、この作品の後半においてしめされる語り手の口調はむしろデロッシュに同情的になってくることも否定できないだろう。

フランス社会では怪物と見なされそうなラ・レメール夫人にしろ、ラ・カルリエール夫人にしろ、タヒチのように「自然の法典」だけを遵守するところでは存在すら考えられない女性たちであろうし、性欲が強いばかりに過ちを犯すデロッシュにいたっては、タヒチ島では大歓迎をうける人物にちがいないことだろう。

ところで、『人間不平等起原論』において、「社会状態」における人間の堕落を「歴史的・弁証法的方法」で抉ってみせたルソーには、ディドロがしたように、フランス社会とタヒチ島との並行論を想像だにできなかったにちがいない。ディークマンは、『補遺』の批判版での序文において、ルソーは文明状態における人間の分析を行うのにも段階を踏まえているのに、ディドロのそれは段階を踏んでいないという両者の相違を指摘している。[59]

この点にかんして、両者の視点を検討してみると、「一七七二年の三部作」、とくに『補遺』においても、ディドロはルソーが約二十年近くも前に彼なりの「解答」を提出したテーマに再びアプローチしようとしていると思われる個所が見出せることであろう。

その一つは、第Ⅱ節で取上げたディドロの「自然状態」の分析である。項目《農業》においても、ディドロの記述には農業の生まれる以前の「自然状態」が欠落していたことを想起しておこう。『補遺』においても、項目《農業》と同じように、農業の誕生に至るまでの前段階は欠落しているが、それ以降の段階は、次のように独特のヴィヴィッドな描写で分析されている。

「B――例えば、土地の無毛を克服する必要といったような、いくつかの物理的原因が人間の明敏さを働かせるやいなや、この瞬発力は人間を当初の目的をはるかにこえたところへ導いてしまい、必要な期限を過ぎたあとでは、もはや抜けでることのできない際限のない気紛れの大洋に運びこまれてしまうのだということが、ぼくには分かるのだ。(60)」

ディドロには推論で考え得るような「自然状態」は存在しなかったのだろうか。『補遺』において見出せるそれらしい表現は次のようなものだ。

「B――〔前略〕頭で考えられるが、おそらくどこにも存在しないような自然《ブリュート》のままの、未開人の状態においては……

A――タヒチにさえないのかね。

B――そうなんだ。〔後略〕(61)」

また、次の引用文には、ディドロの考える歴史的な記述も含まれているので、その人間の悲惨な歴史は重要である。「B——君はわれわれほとんどすべての悲惨な状態の歴史を駆け足で知りたいかね。それはこうなんだ。自然人が存在していたんだよ。この人間の内部に人造の人間を入りこませたんだ。すると、洞穴の中で内乱が勃発し、一生涯続くのだ。時には自然人が強かったり、時には彼は世俗的・人造の人間に打ちのめされるのだ。いずれの場合も、わびしい怪物は引きずりまわされ、やっとこではさまれ、苦悶し、車裂きの台の上で大の字になってしまうのだ。〔中略〕ところが人間を最初の純朴な状態に連れ戻す極限的な状態もあるものだ。」(62)

前の引用文では、当時のタヒチには、「自然状態」がもはや存在しないということはその通りであろうが、次の引用文ではルソーの記述とは異なり、「自然人」から「人造の人間」への質的変化はどこにも説明されていない。『補遺』に見る限り、ディドロは、若き日にプーフェンドルフから学んだという「自然状態」の定義(62)をそのまま引き継いでいるだけなのだろうか。

「一七七二年の三部作」についてはこれまで具体的に見たように、ディドロは、ルソーとちがい、同時代のフランス社会を捨象することによって、「自然状態」を論ずることはできなかったのだろう。それ故、ディドロにとっては、タヒチの「自然人」は、あくまで、その対蹠的な存在としての当時のフランス人への批判の口実なのであって、フランス社会のあまたの欠陥を糾弾するには、ルソーと異なった方法を取らざるをえなかったと考えられる。彼もルソーと同じく文明人が「自然状態」に戻れないことを熟知しており、タヒチ人を口実に用いて「文明状態」を彼なりに批判していたのだ。「文明化されたいかなる国民よりも良い立法に最も近い自然法を綿密に遵守したタヒチ人にとって、われわれがもと来た道に引返し、われわれの悪弊を改良するよりも、彼が大目に有している野育ちな面を手放すことの方がもっと容易なのだ」[63]とディドロが登場人物の一人に言わせているのは、このためなのである。

それればかりではない。もっと驚くべきことは、彼は一七七三年から一七七四年にわたり滞在したロシアにおいても、彼の主張する「三つの法典」をエカテリーナ二世にも伝えてくることであろう[64]。

もう一つ残る問題はディドロの主張通り「三つの法典」のうちで、「最も説得力のある自然の法典」だけに頼り、他の二つを無視すれば、法の遵守は可能かどうかという問題であろう。「一七七二年の三部作」を検討しても、この点にかんするディドロの主張は首尾一貫していないように思われる。先に引用した一節（注54を参照のこと）において、「良かろうが、悪かろうが法は遵守されなければ良俗などありゃせんのだ」と言っているかと思うと、この直前の部分では、「法律が矛盾しあっている時にどうしてそれを遵守せよと言うのかね[65]」と同じ人物に言わせておいて、最後にはディドロは、得意の「自然の法典」を称賛するといった分りにくい発言をさせている。

さらに、『補遺』の末尾では、フランス社会では、タヒチ島とは異なって、「われわれの自然な欲望《アペティ》がねじまげられている限り」、「一七七二年の三部作」に登場する怪物たちの出現は後を絶たないとしたあとで、ディドロには対話者に次のように言わせている。

「――〔前略〕ではどうしろというのだろうか。われわれは自然に戻るのだろうか。法律に服従しろというのだろうか。

B――ばかげた法律には、それが改良されるまで反対しつづけることにしよう。そして、差し当りは、法律に服することにしよう。私的な権威でもって、悪い法律に違反するものは、他のすべての人間に良い法律に違反するのを許すことになるんだ。自分一人で利口になろうとするよりは、気違いとばか騒ぎをする方が差しさわりが少ないからね。そのままでは毒にも薬にもならない行為に恥だとか罰だとか不面目だとかが結びつけられてきたのだというこうとをわが身に言ってきかせよう、絶えずそう叫んでいよう。けれどもそいつを犯すことはやめにしよう。恥だとか罰だとか不面目だとかは悪のなかの極悪だからだ。フランスでは修道士づらをしていて、タヒチでは未開人になりすました、あのお人好しの従軍司祭を見習おう。[66]」

この一節は、ディドロのテクストの中でよく引用されるものの一つである。ディドロに好感をもてない人は、このテクストを指して彼の順応主義の一面をしめすものとして、彼をこきおろす絶好の材料に使おうとする。

けれども、「一七七二年の三部作」を具体的に検討してきたわれわれには、ディドロの表現がこの引用文において特に曖昧になっているとも思えない。というのも、『補遺』においては、この引用文の最後の一行（フランスでは修道士づら、タヒチでは未開人）にはディドロの刺戟的暗示が言外に含まれていると考えられるからだ。

彼は「三つの法典」の中の「自然の法典」を賛美してやまないが、既存の法に違反しろとはどこにも言っていないことに注意する必要があるだろう。このような法律の把え方の背後には、第Ⅱ節で検討したことであるが、タヒチ島の記述は例外とすると、ホッブズの政治哲学に深い影響をうけながら、実定法が政治体における正と不正の法であるのなら、これが自然法に合致しているかは問えないとする精神がディドロのうちに連綿と生きつづけているからなのだろうか。

むすび

『百科全書』の項目《政治的権威》（一七五一年）を執筆した頃のディドロは、その前後から本格的に法哲学と政治学の勉強に取組みだしたルソーから多くのものを学んでいる。従って、J・プルーストが指摘するように、ディドロの最初の政治項目には、「前ルソー的」(67)な命題を見出すことができる。ルソーとディドロ、というよりも大半のアンシクロペディストたちとの間に亀裂が生じ始めるのは、《国家〉基本法》をめぐる両者の考え方の相違に端を発していると言えるだろう。ルソーが『百科全書』に書いた項目《政治経済》や『人間不平等起原論』で力説した「一般意志」は彼の政治理念の一貫した形式過程における主導命題として堅実に組みこまれていくのに反して、ディドロをはじめとするアンシクロペディストたちは、彼らの黙認する制限君主制における主権者と市民との理想的な「契約」を模索していたのである。それがために、アンシクロペディストたちが叫んだ「一般意志」とルソーの言う「一般意志」との間には計りしれない齟齬があることに気付いた人は少なかった。リュシアン・ゴルドマンの言葉を借りれば、ルソーの政治思想は十八世紀の人々の「可能意識(68)」をはるかに越えていたと言えるかもしれない。

このことは一面ではルソーの類いまれな慧眼を物語っているが、反面、ひとつの歴史的モメントにおける思想の有効性に疑問を投げかけているとも考えられる。ルソーの思想が真に理解されるまでには多くの時間が必要となったのである。ルソーの政治的理念が結実した『社会契約論』にかんしては、「『社会契約論』は予言的作品でその衝撃はフランス革命後に到来した。これがもっと広汎に読まれていたとすれば民衆への明らかな挑戦は一七八九年の偉大な標語と考えられたかもしれなかったが、著作としてはあまりにも理論的にすぎて、深くは滲透しなかった」[69]と指摘する人もいる。ルソーの言う「一般意志」にかんしては、古くは、ルネ・ユベールが、「それは時間の秩序に従い発展を遂げる実質的存在というよりはむしろ形而上学的、《本体的な》nouménal 現実なのである」[70]と言っているし、現代を代表するルソー研究家のジャン・スタロバンスキーは、ルソーの社会契約の理念は、「歴史外《エクストラ・イストリック》的または超歴史《トランス・イストリック》的な規範と規定」[71]しているのである。先に、ゴルドマンの言葉を借りて、ルソーの思想が当時の「可能意識」を越えていたと言ったのは、このような背景を考慮する必要があったからである。

ディドロの政治思想の方はどうだったのだろうか。彼の政治思想における難点にかんして、ルソーが容赦のない批判を浴びせたことは、第Ⅱ節で述べた通りである。ディドロは、政治思想の分野だけではなく、他の領域においても『百科全書』の長年にわたる責任編集者としての経験から、同時代のフランスの現実と読者を視界外に置いて思考する習慣をもつことはできなかったのだろう。この意味で、絶えずディドロが対話者として求めつづけたのは、たんにルソーだけでなく、もっと広汎な読者層だったとも考えられよう。そして、『百科全書』の究極の目的が、「国民の精神を変革させること」（項目《百科全書》）にあったとすれば、分りやすい言葉で不特定多数の読者に語りかけるディドロの方法も、啓蒙の時代には、その思想の有効性を失っていなかったにちがいないと私は考えるのである。

注

（1）本稿で、具体的に利用しなかった研究書としては、Jean Œstreicher, *La Pensée politique et économie de Diderot* (Patis, 1936)；Franco Venturi, *Jeunesse de Diderot* (Paris, 1939；Slatkine Reprints, 1967) 等がある。

（2）Jacques Proust, *Diderot et l'Encyclopédie* (Paris, 1962), p.341.

（3）Anthony Strugnell, *Diderot's Politics：A Study of the Evolution of Diderot's Political Thought after the Encyclopédie* (The Hague, 1973), pp.VII–VIII.

（4）Guillaume-Thomas Raynal, *Histoire philosophique et politique des établissemens et du commerce des Européens dans les Deux Indes* (Genève, 1780–1781).

（5）Jacques Proust, *Quatre contes* (Genève, 1964), p.VIII.

（6）小場瀬卓三著『ディドロ研究』上巻（白水社、一九六一年）、一六七―三一八頁。

（7）Robert Derathé, *Jean-Jacques Rousseau et la science politique de son temps* (Paris, 1950).

（8）Jacques Proust, «La contribution de Diderot à l'Encyclopédie et les théories du droit naturel», *Annales Historiques de la Révolution Française*, No.3, 1963.

（9）ディドロのテクストの引用は、Diderot, *Œuvres Complètes* (Paris, Hermann, 1975) により、以下次のように略すこととする。*OC* de Diderot, t. V, p.537.

（10）*OC* de Diderot, t. V, p.539.

（11）*OC* de Diderot, t. VI, p.466.

（12）*OC* de Diderot, t. VI, p.467.

（13）*OC* de Diderot, t. VII, pp.377–408.

（14）とはいえ、ホッブズとルソーにかんしては次のような興味あるディドロの言葉を拾うことができる。

「ジュネーヴのルソー氏の哲学はホッブズのそれのほとんど正反対である。一方は人間が良い本性であると信じているとすると、他方は性悪だと信じている。ジュネーヴの哲学者に従えば、自然状態は平和な状態であるし、マームズベリーの哲学者に従えば、それは戦争状態である。ホッブズを信じるとすれば、人間をより良くしたのは法律と社会の形成ということになり、ルソーを信じるとすれば、それが人間を堕落させたのだ。一方は、激動と徒党による混乱の真只中に生まれたのに、他方は社交界と学者の世界と生きていた。別の時代で、別の状況があれば、また、別の哲学者が生まれるものだ。」*Ibid.*, p.406.

（15）プルースト前掲雑誌論文、p.284.

（16）同右、p.284–285.

（17）ディドロの言う「群れの状態」については本稿の第Ⅱ節を参照されたい。

（18）プルースト前掲雑誌論文、pp.285–286.

（19）同右、p.286.

（20）*OC* de Diderot, t. VII, p.27.

（21）René Hubert, *Rousseau et l'Encyclopédie* (Paris, 1928), p.57 et p.62.

（22）Jean-Jacques Rousseau, *Œuvres Complètes* (Bibliothèque de la Pléiade), t.III, p.245. 以下 *OC* de Rousseau と略す。邦訳『政治経済論』河野健二訳（岩波文庫）、十三—十四頁参照。

（23）プルースト前掲雑誌論文、p.286.

（24）J. Proust, *Diderot et l'Enc.* pp.341–342.

（25）この点にかんしては拙論「ルソーの『演劇に関するダランベール氏への手紙』について——その作品構造と問題点」（早大文学部紀要『ヨーロッパ文学研究』第二十四号（一九七六年）五十—七十二頁を参照されたい。

（26）J. Proust, *Diderot et l'Enc.* p.347.

（27）*Ibid.*, p.347.
（28）*Ibid.*, p.342 ; n.(7).
（29）*OC* de Rousseau, t. III, p.183 et pp.1354-1355. 邦訳『人間不平等起原論』本田・平岡訳、一一四頁と二四〇頁注七を参照。
（30）René Hubert, *Rousseau et l'Encyclopédie*, p.99. n.(3).
（31）J. Proust, *Diderot et l'Enc.* p.345.
（32）*OC* de Rousseau, t. III, p.113. 邦訳『人間不平等起原論』三十八頁。
（33）*OC* de Diderot, t. V, p.292.
（34）*OC* de Diderot, t. IV, p.334.
（35）*Ibid.*, p.349.
（36）*OC* de Rousseau, t. III, p.161. 邦訳八十一頁。
（37）*Ibid.*
（38）*Ibid.*, p.178. 邦訳一〇六頁。
（39）*OC* de Diderot, t. VII, p.540.
（40）J. Proust, *Diderot et l'Enc.* p.377.
（41）*OC* de Rousseau, t. III, p.187. 邦訳一二〇―一二一頁。
（42）René Hubert, *Les Sciences sociales dans l'Encyclopédie* (Paris, 1923), p.113.
（43）«Lois fondamentales» dans *l'Encyclopédie* t. IX (1765), p.660.
（44）*OC* de Diderot, t. VII, p.540.
（45）J. Proust, *L'Encyclopédie* (Paris, 1965). 邦訳『百科全書』平岡・市川訳（岩波書店、一九七九年）、一七五頁。

（46）J. Proust, *Diderot et l'Enc.* p.380.
（47）R. Hubert, *Rousseau et l'Enc.* p.62 et pp.98–100.
（48）Diderot, *Supplément au voyage de Bougainville* par Gilbert Chinard (Paris, 1935), p.46.
（49）Diderot, *Supplément au voyage de Bougainville* par Herbert Dieckmann (Genève, 1955), pp.LXXVI–XCIV.
（50）*Ibid.*, p.52.
（51）*Ibid.*
（52）*Ibid.*, p.59.
（53）*Ibid.*, p.LXXVIII.
（54）*Ibid.*, p.52.
（55）J. Proust, *Quatre contes*, p.112.
（56）*Ibid.*, p.116. なお、この点にかんしては拙稿を参照されたい。「ディドロの『女性について』再考」（早大文学部紀要『ヨーロッパ文学研究』第三十号、一九八二年）一九四―二〇五頁。
（57）H. Dieckmann, *op. cit.*, p.51.
（58）J. Proust, *Quatre contes*, p.133.
（59）H. Dieckmann, *op. cit.*, p.LXXXI.
（60）*Ibid.*, p.51.
（61）*Ibid.*, p.57.
（62）*Ibid.*, pp.59–60. プーフェンドルフからは「自然状態」にかんする二つの考え方を学んだと言われるが、その一つに次のような言葉がある。「自然状態とは生まれるとすぐに自分だけにゆだねられ、他人の一切の援助を剝奪されているとすれば現在あるがままの人間がそのようになるだろうと考えられるわびしい triste 状態のことである。」プルースト、前掲雑誌論文の引用による（p.267）。

（63）*Ibid.*, p.53.

（64）Diderot, *Œuvres Politiques.* Ed. de P. Vernière (Paris, 1963), pp.389–390.「〔前略〕宗教原理の著作においては社会の原理と一致しそうなことしか〔中略〕認めないということでしょう。そうすれば、一つの法典しか、つまり自然の法典しかないことになり〔中略〕あとの二つの法典は自然の法典を正確に写しとることになるでしょう。」*Ibid.*, p.389.

（65）Dieckmann, *op. cit.*, p.52.

（66）*Ibid.*, p.66.

（67）J. Proust, *Diderot et l'Enc.* p.377.

（68）『人間の科学と哲学』清水・川俣訳（岩波新書、一九五九年）、一二七頁以下を参照。

（69）J.S. Whitmore, *The Enlightenment in France* (London, 1969), pp.117–118.

（70）R. Hubert, *Les sciences sociales dans l'Enc.* p.218.

（71）平岡昇『プロポⅡ』（白水社、一九八二年）の引用による。三二〇頁。

〔付記〕政治思想史の門外漢である私にとっては、このテーマは、正直にいって荷があまりにも重すぎたといえる。専門家からみれば、数多の滑稽な誤謬をおかしていることであろう。大方の御批判を仰ぎたい。

3

ディドロとエカテリーナ二世

——十八世紀フランスにおける一つのロシア体験

はじめに

ディドロは、『百科全書』に《政治的権威》(一七五一年)、《自然法》(一七五五年)等をはじめとする、重要な政治項目を執筆したが、彼の政治思想は、古典的自然法理論の解釈を中心に据えて、その主張を展開していた初期の『百科全書』の時代(一七五一―一七六五年)よりも、政治的諸現実に接触する機会が多くなった一七六五年以降、つまり、壮年期から晩年期の方が、いっそう興味深くなると指摘する人が多い(1)。

ディドロの政治思想に限れば、私もそのように考えるものなので、彼の晩年の政治思想にアプローチする前の予備的作業として、初期から壮年期にかけての、彼の政治思想を一応整理した一文を、最近、「ディドロにおける政治思想の粗描――『百科全書』から「一七七二年の三部作」まで」と題し、まとめてみた(2)。この小論では、ディドロの初期の政治思想とジャン=ジャック・ルソーのそれとの関係、ロシアの現実に接する直前までの彼の政治思想の解明が中心になっているので、本稿では、テーマをロシア滞在以降の、ディドロの政治的発言の意義にしぼりたい。

とはいっても、ディドロがその政治思想を表明していると考えられる一連の著作、すなわち、『エカテリーナ二世のための覚え書』*Mémoires pour Catherine II*（一七七三年）、『君主の政治原理』*Principes de Politique des Souverains*（一七七四年）、『「訓令《ナカーズィ》」にかんする考察』*Observation sur le Nakaz*（一七七四年）、『ロシア政府のための大学のプラン』*Plan d'une université pour le Gouvernement de Russie*（一七七五―七六年）等は、それぞれが執筆の動機を異にするばかりか、また発表形式（対話、格言、提案）も同じではないことに注意しなければならない。

さらに、『オランダ旅行記』*Voyage en Hollande*（一七七四年）やいわゆる『セネカ論』（初版の*Essai sur la vie de Sénèque*〔一七七八年〕と第二版の*Essai sur les règnes de Claude et de Néon*〔一七八二年〕）までをも、広い意味での政治的著作の中に加えるとすれば、晩年のディドロの政治思想は、予想外の拡がりと多様性を帯びてくることも否定できない。

その上、以上の著作において表明されるディドロの政治思想は必ずしも統一がとれているわけではないので、それらに散見できうる政治的言明を組み合わせていけば、ディドロを当時における超一流の革命指導者と見做すことができるかもしれないし、また、反対に、ディドロをたんなる穏健な改良主義者と考えることができるかもしれない。

このように、初期の政治思想と比べると、ディドロの晩年の政治的発言には、現実の政治体験上の厚みが加わってくるだけに、その政治思想を首尾一貫したものとして提示することは至難の技と言わざるをえないし、また、私のよくなしうることでもない。そこで、私が本稿で試みようとするのは、いわゆる〝エカテリーナとの対話〟を中心に、ロシア滞在前後のディドロの政治的発言をそれらが表明された社会的・歴史的コンテクストに沿いながら考察し、その意義を私なりに問うてみるということにすぎない。

従って、晩年に、ディドロが積極的に執筆協力したレナール師の『両インドにおけるヨーロッパ人の植民事業と通商にかんする哲学的・政治的歴史』(3)――特に、レナールの第二版・第三版への執筆協力は、晩年のディドロがそれに注ぎ込んだ時間からみて、『百科全書』に代わる重要性を帯びてくる(4)――をも含めた後期ディドロの、総括的な政治思想の分析については、いずれ稿を改めたいと考えている。

本稿に入る前に、ディドロの政治思想にかんして、日本語で書かれた論文に、ごく簡単にふれておきたい。

初期から晩年に至るまでの、ディドロの政治思想を三段階に分けて扱った研究に、故小場瀬卓三氏の論考がある(5)。

ディドロの晩年の政治思想、とくに、エカテリーナ二世との関係に焦点をしぼり、フランス側からの資料により書かれた研究に、故浜田泰佑氏の「ディドロとエカテリーナ女帝」と題した論文があり(6)、また、ロシア語の文献を渉猟して書かれた研究に、村井隆久氏の「エカテリーナ女帝とロシアの現実・文学」がある。

私には、ロシア語ならびにロシア事情にかんする知識が皆無であるため、以下の本論でも、ほとんどすべての資料を、フランス語や英語で書かれた文献に仰がざるをえなかったことをはじめにお断わりしておかなければならない。この意味で、前記の村井論文は、――エカテリーナ女帝へのやや〝好意的〟評価に若干気になるところがあるとはいえ――ロシア側の資料に依拠して書かれているので、われわれフランス文学専攻の学徒にとっては、教えられるところの多い研究といえよう。

I　ディドロに映じたロシア

近世ロシアの存在を——スウェーデンのカルル十二世をポルタヴァで破ったが故に——西ヨーロッパに知らしめたピョートル大帝（一六七二—一七二五年、大帝在位一六八二—一七二五年）の祖国近代化の事業は、いわゆる〝宮廷革命〟（一七六二年）後、ドイツのシュテッテン生まれのゾフィ・フォン・アンハルト＝ツェルプスト（＝エカテリーナ二世、一七二九—一七九六年、女帝在位一七六二—一七九六年）によってひきつがれていく。彼女は、夫ピョートル三世殺害（?）というあまり芳しくない風評を消し止める一方、自分の威信を西ヨーロッパに宣伝するため、即位の当初からフランスの、いわゆるフィロゾーフ（啓蒙思想家）を積極的に利用するつもりでいた。

アルベール・ロルトラリの研究[7]に依ると、女帝からフィロゾーフへの働きかけは次のように具体的な形で行われたという。

(1)　息子パーヴェル（一七五四—一八〇一年、在位一七九六—一八〇一年）の家庭教師として、ダランベールの招聘計画。ダランベールの方からはフリードリヒ二世（一七一二—一七八六年、王位一七四〇—一七八六年）への遠慮とロシアにおける政情不安のために断られる。

(2)　フランス国内での《プラド事件》（一七五二年）の結果、二回目の発売禁止で頓挫していたディドロ＝ダランベール編の『百科全書』の続刊をリガで出版してはどうかという提案。具体的には、一七六二年八月二十日付の、エカテリーナ二世からヴォルテールあての書簡を通じて行われた[8]。

(3) 娘アンジェリクの持参金がなくて困っていたディドロの蔵書の買い上げ。こちらの方は、ディドロの友人グリムが、エカテリーナ二世の侍従ベッコーイ将軍を介して、蔵書の買い上げを提案したところ、一七六五年三月一六日付の手紙で女帝の快諾とともに、一万五千リーヴルを発送したむねを知らせてきた。(9) 周知のように、ディドロの蔵書の買い上げについては、女帝が代金を即刻支払ったばかりか、ディドロの方では女帝の求めがあるまで自分の蔵書の保管人でいられるという条件だったために、エカテリーナ女帝の、フィロゾーフに対する寛大な好意は、ヨーロッパに広く知られることとなった。

一方、ディドロの方でも、以上のようなエカテリーナ二世の好意に応えるべく、一時的に中断された『百科全書』の刊行をフランスの国外（スイスやドイツ）に移す方がよいという提案を丁重に断りながらも、ロシア語による「言語の語辞が説明され、定義され、限定されているような一般的語彙集」の作製をベッコーイ将軍に約束したことを当時、ロシアにあった彫刻家のファルコネに知らせているし、(10) さらには、「このような著作」は一人の手で作製されるのが好ましいと、同じくファルコネに熱っぽく話しをもちかけていた。(11)

J・プルーストは、「一七六八年パリで刊行された『図版』の第六巻目の前書きは、エカテリーナを賛美する奇妙な小文で終わっている。その中で、ディドロは「私は我々の本文の第一巻が女帝陛下の命令と保護のもとに、露訳された模様であることを知ったばかりだ」と書いた」(12) と指摘している。

ということは、ディドロは、漠然とした印象であったにしても、当時のロシアの事情に幾分かは通じていたものと考えられることになる。というのも、現代ロシアの一研究者の論文(13)に依れば、フランスの啓蒙思想に関心をいだく社会層がロシアに出現したのは十八世紀の中葉のことで、先ず、ロモノーソフ（一七一一―一七六五年）の弟子たちがフランスの哲学者の著作を翻訳したが、内容が反教権主義的《アンチ・クレリカル》であるため、原稿のまま出回っていたという事実があるからである。

次いで、一七六八年には、『百科全書』の最初の露訳が出て、一七七七年まで、十一年にわたり、四八〇項目が紹介されたという背景も合わせて考えておきたい。

この事実は、ロシア語の文献によって精査したJ・プルーストによっても確認されている(14)。

以上のように、ディドロとロシアとの接点を『百科全書』とのかかわりに求めてきたのは、一七七二年に『百科全書』が一応の完結をみると、翌年の十月に、齢六十になるディドロがペテルブルグに赴く決意をした理由のいくつかをさぐってみたかったからである。

もちろん、蔵書を買い上げてくれた恩人のエカテリーナ女帝に謝意を表しに赴いたのだとか、自らの推薦でロシアに送りこんだファルコネからの熱心な勧めに応じたのだとか、一七七二年九月九日には一人娘のアンジェリックを嫁がせたので、ロシア行を引きのばす理由がなくなったのだとか、誰しもすぐに考えつく理由はいくらも挙げることができるだろう。

けれども、ロシアから帰仏後、何年かが経過して、ディドロが女帝に次のように述懐していることは注目に値しよう。

「女帝陛下が私を御身にひきつけようとして用いられた動機のうちで、日常の執務の流れが時間のすべてを使い尽してしまいますから、私をそばに従えておけば、立法にかんする様々な文章について考えをめぐらすことに没頭できるでしょうと、陛下が私に申されましたことを想い出しております。陛下は、才能や能力について深く通じておられるとはいえ、私のことを買かぶっておられ、私に課されようと目論んでおられた仕事は、モンテスキューの如き人のすべての才能を要求したことであろうと、私は真摯に思っておりますし、陛下にあえて申し上げる次第です。(15)」

つまり、後の節で検討することであるけれども、『エカテリーナのための覚え書』や『「訓令」にかんする考察』において、女帝への批判や不満を直接・間接に表明することになるディドロであるが、哲学者ドゥニ、すなわち、ディドロの側には、女帝をまだ見ぬ先からも、面前にしている時も、なおまた、帰仏後にも、女帝に教えるべきなにかを有する人間として、ディドロは自分を規定しつづけてきた一面があることは否定できないことだろう。

また、「一般語彙集」であれ、「辞典」であれ、「このような著作は、科学や技術が最高の完成度に達した時にはじめて著わされうる(16)」と考えたディドロにとって、自ら責任編集を引受けた『百科全書』の抜萃が露訳されはじめたときいた時、彼はロシアについても、「フランス国家はあらゆるジャンルにおいて、教育がこんな程度にまで達したので、語彙の作製をうまく成就させうる本当の時期に達している(17)」というほぼ同様の感慨をもったのではないだろうか。

ロシアの現実に接する前のディドロは、女帝はルイ十五世よりもリベラルな態度をしめした(18)といったような、ほのかに伝わってくる彼地からの錯綜する情報をもとに、程なくして拝謁の栄にあずかるはずのエカテリーナ女帝に対しても、また、そのかたわらで演じることになる哲学者ドゥニの役割についても、はたまた、フランスでは果たせなかったような、理想的なロシア語版「新百科全書」の刊行についても、計りしれない期待をいだいていたことだろう。

Ⅱ　噛み合わなかった女帝との対話

「十八世紀のすべての作家のなかで、ディドロはまちがいなく大の外出ぎらいだった。ラングルへのいく度かの旅行と一七七〇年の、ブルボンヌでの逗留を除けば、一七七三年になるまで、デピネ夫人の普段の住居、ラ・シュヴレットの窓辺が面しているモンモランシーの視界か、当時、ドルバックの所有する、グランヴァル邸が麓に建っているシェヌヴィニール＝シェル＝マルヌの小丘とかから決して目を離すことはなかったように思われる[19]」とモーリス・トルヌーは、旅行ぎらいのディドロを描いている。

けれども、ロシア行を決意した後には、ディドロは、ロシア語の勉強にも取組んだ。彼が用いた教材の正確な書名は、『ロシア語初歩、または、慣用に従いこの言語を学ぶためのやさしい速修』（サンクト＝ペテルブルグ、一七六八年）*Elémens de la langue russe ou méthode courte et facile pour apprendre cette langue conformément à l'usage*[20] であったという。

ディドロはロシア滞在中におこりうる若干のロシア語会話の場面[21]を想定しないわけではなかったろうが、ロシア語習得の第一目的は、第一章でふれた「一般語彙集」、さらには、ロシア語版「新百科全書」への準備が頭にあったことは想像するに難くない。

さて、一七七三年六月十日にパリを発ったディドロは、最初のオランダ滞在（六月十五日―八月二十日）を経て、同行の侍従ナルイシュキンとともに、目的地のサンクト＝ペテルブルグには、パーヴェル大公の結婚式の前日、すなわち、十月八日に到着した。

そして、ペテルブルグに着いて程なくして、エカテリーナ女帝とディドロとの対話が始まったと考えられる。というのも、後に『エカテリーナ二世のための覚え書』[22]（以下、『覚え書』と略記する）の名で知られる女帝との対話の第一回は、十月十五日に行われたからであり、付け加えて言えば、最後の会合は、同じ年の十二月三日におわったことが知られているからである。従来、分量的にも長短あわせて六十七点にものぼる論文や小論の〝対談〟原稿を、ディドロが十月十五日から十二月三日までの五十日間で、つまり、三日に一度というリズムで、約二十数回の会合のうちに執筆したということを怪しむ研究者もいないわけではなかった。けれども、ポール・ヴェルニエールは、「僅かな量の、数篇のノートは、同じ会合でのテーマとなったと考える限りでは、我々は、六十七の論文で約四十回の会合を消化したと認めることができる。つまり、この数字は、ディドロの二回の病気、十二月の後半のそれと二月末のそれとを考慮に入れれば、四ヶ月間毎月十回の会合というリズムにぴったりと合う[23]」と言っている。

当時、四十四歳に達していた女帝を相手に、六十歳のディドロは、四ヶ月間にわたって、午後の三時から開始される、おそろしく濃密な〝勉強会〟をもったことになる。

女帝の方にも、ディドロにこれだけの時間が割けたのは、情人ヴシルチコフをちょうど放逐したばかりで、ポチュムキンがまだこの役目を仰せつかっていない時期に当たっていたからだ、と浩瀚な伝記『ディドロ』[24]を書いたアーサー・ウィルソンは言う。

それはともかくとして、次に両人の対話のテーマの中で、主なものを拾って検討してみよう。

冒頭に、ペテルブルグへの旅の途上で、ナルイシュキンの忠告を容れて起草した「フランスの統治力にかんする歴史的試論」があり、ここで、ディドロは、クロヴィス、シャルルマーニュ、シャルル七世の治世から、同時代のモプー Maupeou（一七一四—九二年）による高等法院解散（一七七一年一月二十一日）にいたるまでのフランスにおける司法上の変遷を辿っている。フランスが制限君主制 monarchie tempérée から専制君主制 monarchie absolue へ移行しつつあるという危機感をディドロがいだいていた時だけに、彼が忌み嫌ったモプーに対する批判は痛烈であるが、そこへエカテリーナ女帝を引き合いに出してくるところがいかにもディドロらしい。

「……我々は一瞬の後に君主制国家 l'état monarchique からまぎれもない専制国家 l'état despotique le plus parfait に跳びこんだのです。従って、フランスでは小冊子が出版されて、その中で、女帝陛下の指導《コンデュイット》は我々のそれの全く逆で、女帝陛下が市民をつくろうと没頭されている時に、我々は奴隷をつくろうとやっきになっているのです[25]。」

高等法院の解放等をはじめとするモプーの改革は、結局、改悪となったとする、ディドロによるフランスの政情批判は、女帝が君臨するロシアの政治機構への対比論としても読みとらねばならないだろう。

このように、女帝と差しで行った対話では、ディドロは、できる限り、直接的な表現を避け、遠回しな言い方を随所で用いていることに注意しなければならない。

その最たるものは、「哲学者ドゥニの夢想」であろう。プロシア王フリードリヒ二世をこきおろした後で、ディドロは当時の駐露フランス大使デュラン・ド・ディストロフ Durand de Distroff の代弁をして、女帝のフランスに対する偏見を捨てさせ、かつ、一七六八年から五年間も続いているロシア＝トルコ戦争に終止符を打たせようと巧みに進言をするのだが、その中で、ディドロは「陛下は、ローマ女性の魂とクレオパトラの魅力とを兼ねそなえておられる[26]」と、帰仏後、フランス人に伝えるとまでも述べている。

『覚え書』の中から、その他の重要なテーマを拾うと、「委員会、法律、官職のためのコンクール〔競争試験〕……」、「寛容について」、「公共学校について」、「奢侈について」、「首都について」、「陸軍幼年学校について」、「王のモラルについて」、「君主の賭と第三身分について」、等々といった、政治、法律、経済、宗教、教育が中心を占めているのは言うまでもないが、マイナーなテーマとしては、「国内の習俗との関連において考察される劇詩人について」、「戯曲の草案」、「『おお、時よ！』と題された女帝陛下の喜劇について」、等のような文学的なものも含まれている。

これらのテーマを逐一検討していく紙幅はないので、ディドロがこれから諸改革が適用できうる、無垢の状態 tabla rasa の国としてのロシアに対して、特に重視している提案だけにしぼりたい。

(1) ディドロは、フランスでその弊害を見すぎてきたからであろうが、立法や教育から宗教を排除すべきだと主張する。

「神の概念が人々の頭に植えつけられると、それが最も重要な概念にならないことはありえません。(……) 従って、神学を無視し、司祭を質素な生活と無智な状態に保っておくことは思考の自由の保護者か、不寛容の敵にとっては重要なことになるのです。」(「寛容について」)(27)

「従って、私が神を信じようが信じまいが、私の法典から神の概念は、排除されることになるでしょう。」(「寛容についての第一の追補」)(28)

なお、ペテルブルグの陸軍学校 l'école des cadets の授業にふれて、ディドロは、次のようにも述べている。

「ルター派の牧師やギリシア正教の司祭が生徒たちを独占するのは週に一時間だけであり、その授業もごく短い神学上のおしゃべりにすぎず、そこでは地獄も、悪魔も問題にされないことを知って喜んでおります。」(「陸軍幼年学校について」[29])

(2)　ルソーと異なり、人間のうちに生来的不平等を認めるディドロは、競争試験[30] concours による官職への登用を提唱する。

「私は、帝国の最も重要な官職のすべてが競争試験にゆだねられればと願っています。大尚書の職もその例外にしたくはないのです。」(「個別教育について」[31])

この提案は、ロシア滞在中のディドロの一時的な思いつきではなく、帰仏後、エカテリーナ女帝に提出した『ロシア政府のための大学のプラン』においても、彼の教育論の根幹をなすもので、そこではフランスの実情にふれつつ、次のように言っている。

「競争試験にゆだねられる我々の法学部のポストは、この上なく立派に占められている〔……〕と私は前に述べたように思います。」[32]

(3)　後の章で見るように、選抜試験により官職を与えるというディドロの発想は、農奴制経済をしく後進的な農業国であった、当時のロシアに第三身分（つまり、ブルジョワ階級）の出現を促す狙いと深く結びついていた。

ディドロは言う。

「女帝陛下がこの先、養成なさる人々は、すべて低い身分から引きぬかれんことを。この階層は、いたるところで、有識者を提供します。」(「君主の賭と第三身分について」[33])

「子孫たちにその顕揚を保つことに熱心なこの階層は、子供たちを教育し、勉強や旅行をさせ、才能と良俗に恵まれた市民を輩出する養成所 pépinière となることでしょう。」（「委員会について」[34]）

(4) さらには、子女を海外留学させたり、外国人教師を招聘することが盛んだった当時のロシア政府の方針に対し、ディドロは芸術家や教師は、自国で養成すべきだと主張する。そして、ディドロは次のように結んでいる。

「従って、奨励しなければならないのは自国民です。そして、自国民はどのように奨励されるのでしょうか。生活の安寧、自由、君主が臣民を仕合せにするために自由にできるあらゆる手段によってなのです。」（「外国に派遣された子女について」[35]）

以上のように、ディドロは、ロシアの未来のために、有益と考えた建設的な提言を行っているが、人民に抵抗権を認める最晩年の主張につながっていく、彼の最もラディカルな政治的発言を「王のモラルについて」の中で行っている。

哲学者の役割とは、「目下のところは、話しても無駄であっても、未来のために有益に書き、考えること」であると規定したあとで、次のように述べている。

「哲学者はその仕事を利用してくれる五〇番目の善王を持つ。待ちながら、彼は譲歩できない権利について人間を啓発する。彼は宗教的狂信を和らげる。彼は人民が最も強い者であり、彼らが屠殺場へ行くのは、そこへ連れていかれるからだと、彼らに言う。彼は、流血を埋合せる結果なのだが、不幸の末期に常に突発する革命に対し、心構えをさせる」[36]と。

ところで、彼がこのような政治論議や社会改革論を午後の三時から延々と聞かせるのは、広大無辺のロシア帝国に君臨する生身のエカテリーナ二世に対してなのだ。ディドロは、時には、自分の熱弁や饒舌が相手におよぼす不快感を察して、「陛下、私は長くなりすぎており、私もそう感じています。けれども、おしゃべりなのは、子供の本性なのです[37]」などと自分をお喋りな子供にみたてて、弁解をしているが、毎回、彼の一方的な「政治的おしゃべり[38]」の聞き役にまわされたエカテリーナの方はかなりの忍耐力を必要としたことであろう。

前にも引いた伝記『ディドロ』を書いたウィルソンは、この辺の事情を次のように書いている。

「おそらく十一月か、十二月のいつか、ディドロが前もって想像していたほど、エカテリーナ二世は、彼の助言を高く評価していないと彼に感じさせたのだろう[39]」と。

女帝が、本当にこのような苦言を呈したのかどうか詳かではないが、『覚え書』の後半には、前半にみられたような政治的テーマは少なくなっていることは事実である。この点にかんする女帝による直接の証言は見当らないようだが、何年か後に、エカテリーナは、フランスの外交官セギュール伯 Ségur (le comte Louis-Philippe de)(一七五三―一八三二年)にディドロとの対話について、次のように漏らしたという。

「私は、ディドロとしばしば長い話合いをしましたが、何かを得ようというよりも好奇心からでした。彼の言うことを信じたとすれば、帝国内ですべてがめちゃくちゃになったことでしょう。立法、行政、政治、財政、それらを実行不可能な理論と取替えるとしたらすべてをめちゃくちゃにしたことでしょう。〔中略〕しばらくたって、私の政府内に彼が助言した大刷新がなにも行われていないのを見ると、彼は、一種の不満げな尊大さをもって、私にそれに対する驚きをしめしました。

そこで、私は、率直に話しかけながら、彼にこう言いました。ディドロさん、私は、あなたのすばらしい才智からあなたが思いつかれたことすべてを大変嬉しくうかがいました。でも、私にもよく分る、あなたの大原則のすべてを用いれば、立派な書物をつくれるでしょうが、立派な仕事はできないでしょう。あなたは、改革案において、我々二人の立場を忘れておられます。あなたは、すべてが思いのままになる紙の上でしか仕事をされていません。〔……〕それに反し、可哀想な女帝である私は、人間の肌身の上で仕事をしており、これは、ことのほか、激しやすく、傷つきやすいのです。[40]」

果してエカテリーナ女帝が、遥々フランスから謝意を表しに来たディドロの面前でこのような苦言を呈したのかどうか確認のしようがないけれども、セギュール伯の証言は女帝の本音が窺えなくもない貴重な記録であることにはかわりはない。

一方、ディドロの方はといえば、エカテリーナの真意がどのようなものであれ、ロシア事情にかんして彼女との対話で確認できなかった事項を、今度は口頭によらず、質問状で答えさせようと、飽くことのない探求心を発揮する。

そのため、彼は、ロシアの人口、農業、交易、産物等にかんする大小あわせて八四の質問を用意した。[41]これに対し、女帝は、自分の判断でできうるものは適宜答えているが、――これは質問状への回答なので口頭ではないけれども――その中で彼女とディドロとの対話の実際のやりとりがどのようなものであったかを内容的にも髣髴させる質疑を一つだけ引いてみることにしよう。

［質問］ディドロ――農耕者の農奴化は耕作に影響をおよぼさないものでしょうか。農民に所有権がないことは悪い結果をもたらさないでしょうか。

〔回答〕　エカテリーナ二世――ロシアほど農耕者が土地と家庭とを愛している国があるかどうか私は知りません。〔……〕(42)

ディドロのまじめな質問に対して、女帝がこのような回答を行った事実。このことに、例えば、ディドロがペテルブルグに到着して程なくして開催されたロシア科学アカデミーの会期中に、親友のグリムと共に、外国人会員に推された彼が、次の会期（十一月一日―十二日）に、早速、シベリアにかんする調査を依頼したが、調査結果はついに彼の手に渡されなかったという事実を重ねてみれば、女帝の真意が那辺にあったのかを推測するのはさしてむずかしいことではないだろう。

Ⅲ　専制君主批判の二つの場合

外側からの告発――ディドロの場合

ディドロは、ロシアに旅立つ前から、専制君主《デスポット》に対するはげしい批判をすでに表明していた。それは、ドルバック d'Holbach の書いた『偏見にかんする試論』*Essai sur préjugés*（一七七〇年）に対するフリードリヒ二世の反論『偏見にかんする試論を糾す』*Examen de l'Essai sur préjugés* を読んだ時である。ディドロは、プロシア王の反論を読むうちに、外には、啓蒙君主 prince éclairé を装いながら、専制君主の顔を随所にのぞかせるフリードリヒ二世の正体を知ったばかりでなく、フリードリヒがドルバックの背後にいるディドロをも攻撃しているのだということも読みとったからである。彼は、プロシア王の反論への、痛烈な批判を『暴君に反対する断片』*Pages contre un tyran*（一七七一年）と題した小冊子の中で行っている。

ここでは、ディドロの結びの言葉だけを引用してみよう。

「では、私は、この小冊子からなにを学んだのだろうか。ある著者の過ちを指摘するには、才能など少しも必要でないこと、人間は真理のためにつくられているのでもなく、また、真理は人間のためにつくられているのでもないこと、我々は誤謬からのがれえないこと、迷信にもよい面があること、戦争は、立派な事柄であること等々である。そして、神よ、この種の哲学者に似た君主から我々を守られんことを。[43]」

ディドロの政治思想における、この小冊子の位置づけは、必ずしも容易でないが、A・ストラグネルは、次のように分析している。

「『暴君に反対する断片』は、ディドロの政治思想における短い期間の混乱の始まりを予告しており、そこでは、彼の古いユートピア的イデオロギーを彼はますます承服できなくなっているが、新しいイデオロギーを編みだすほど十分には進展していなかった[44]」と。

このように、ロシア旅行を二年後に控えたディドロは、フリードリヒ二世には見切りをつけたものの、まだ見ぬエカテリーナ二世に大きな期待を抱きつつ、ストラグネルの言葉を借りれば、〈新しいイデオロギー〉を用意しつつあったということになるだろう。

けれども、実際に膝を交えて、話し合ったエカテリーナ女帝との〝対話〟がどのようなものであったかは、第Ⅱ節でやや詳しく見たとおりである。

ペテルスブルグ滞在中にディドロがはじめて知ったとされることの一つに、女帝が起草した『訓令《ナカーズィ》』

Nakaz がある。これは、一七六七年に召集した《委員会《コミッション》》（五六四人のうち選出された代議員五三六人、内訳、貴族階級からの選出一六一人、都市からの選出二〇八人、自由農民七九人、コサックおよび他種族八八人。しかし、なんの成果もあげないまま、ポーランド分割とロシア＝トルコ戦争を理由に、一七六八年に解散）のために、エカテリーナが新しい法典を編纂する目的で起草したものである。[45] 女帝は、このために、モンテスキューの『法の精神』とベッカリーアの『犯罪と刑罰』を剽窃して、リベラルな法典の草案を作成したが、これがロシアで公布されることはなかった。けれども、一七六九年に、『訓令』は仏訳されて、ヨーロッパの各地にばらまかれたので、ヴォルテールやダランベールは、ルイ十五世やモプーの専制主義に対抗して、女帝のリベラリズムの喧伝につとめたものである。

ところが、どういうわけか、ディドロだけは、一七七三年の訪露以前には、この『訓令』の存在を知らなかったらしい。[46]

ディドロは、フランスへの帰途に立寄った二回目のオランダ滞在中（一七七四年四月五日―十月十五日頃まで）に女帝の『訓令』にじっくり目を通す機会があったばかりか、そこではローマの歴史家タキトゥスの『年代記』等を読むことに没頭した。

前の『訓令』をめぐっての詳細な検討から生まれるのが『「訓令」にかんする考察』（執筆一七七四年、刊行一七九八年。以下、『考察』と略記する）[47] であり、後のタキトゥスの読書から生まれたのが、『君主の政治原理』（執筆一七七四年、完全なかたちでの刊行一九二一年。以下、『政治原理』と略記する）[48] である。

ロシア出発後に執筆された両作品には、女帝のためにペテルブルグに残してきた『覚え書』になかった変化が見られる。つまり、ディドロの専制君主嫌いは、フリードリヒ二世以来、一貫していて、『覚え書』では、恩人（エカテリーナ）に対してディドロの表現に様々な工夫がこらされていたが、両作品において、ディドロはそのような制約から全く解放された観があると言えるだろう。

というのも、『「訓令」にかんする考察』は次の言葉で始まっているからである。

「国民《ナシヨン》以外に真の主権者は存在しない。人民《プーブル》以外に真の立法者はありえない。〔……〕」(49)

このように、実在のエカテリーナ女帝の膝下で政治の現実に触れたディドロは、『百科全書』（一七五一―一七六五年）の時代とはちがって、国民や人民を一層主体的に把握しようとする政治思想に傾斜していく。

『考察』において、ディドロは『訓令』の何章何条というように、具体的に女帝の法令に批判を加えているところがあるので、部分的であるが、次に女帝が起草した『訓令』の中身とディドロのコメントを検討してみよう。

第二章十五条《君主国家の意図と目的は、市民、国家と君主の栄光である。》（エカテリーナ）

――「どの国家《グベルヌマン》の意図、目的も、市民の幸福、国家の力と光輝および君主の栄光でなければならない。〔……〕」（ディドロ）(50)

短いコメントの中にも、国家の目的の第一に、市民の幸福を掲げるディドロの発言に注目しておこう。

第三章一九条《〔……〕君主は、一切の政治的・市民的権力の源泉である。》（エカテリーナ）

――「君主は、一切の政治的・市民的権力の源泉である。これは、私には理解できない。一切の政治的・市民的権力の源泉となるのは、代議員か、または団体として集まった人によって代表される国民の同意であるように私には思われる。〔……〕」（ディドロ）(51)

君主だけが絶対権力をもつという、エカテリーナの主張を、ディドロは到底受入れることはできないだろう。というのも、『百科全書』の項目《政治的権威》においても、ディドロは、「君主は、〔……〕国民の同意なしには、〔……〕その権力と臣民とを自由にすることはできない(52)」と明言していたのだから。

第一一章二五〇条《市民社会においては、あらゆる他の事柄と同様に、ある種の秩序が必要であり、ある者が統治し、命令を下さねばならないし、他の者が服従しなければならない。》

同二五一条《かくの如きがあらゆる種類の隷属の起源であり、これは服従する者の状態に従い、多かれ少なかれ和らぐものだ。》（エカテリーナ(53)）

――「私は社会の起源について別の考え方をする。〔……〕もしも土地がそれ自体で人間のすべての欲求を充たしたとすれば、社会は存在しなかったことだろう。このことから、人間たちを参集させたのは、常に存続する、共通の敵、つまり、自然に対して闘う必要性であるということが出てくるように思われる。彼らは、ばらばらの力よりも、結集した力を用いた方が一層有利に闘えると感じたのだ。〔……〕」（ディドロ(54)）

社会には、統治者と服従者が存在することをまるで自明のことのように主張する女帝に対し、ディドロは、人間間には、本来そのような隷属関係はなく、力を合せて闘うべき、共通の敵＝自然があるのみと反論する。

『訓令』をめぐっても、女帝とディドロは平行線を辿るばかりで、ペテルブルグでの〝対話〟と同じく、両者の議論は到底嚙み合いそうもない。

ところで、『訓令』一四八条に、ディドロがつけたコメントに、女帝との〝対話〟を髣髴させる文句が見受けられるので敢えて内容には立ち入らないで、その部分を取り出してみよう。

「〔……〕女帝陛下は、税金についてなにも申されませんでした。陛下は、戦争と軍隊の維持についてなにも申されませんでした。〔……〕」

〔……〕

陛下は、農奴の解放についてなにも申されませんでした。

〔……〕

陛下は、帝国の後継者の教育についてなにも申されませんでした。〔後略〕(55)」

この〈陛下はなにも申されませんでした〉のリフレインから、女帝に対する止まることを知らぬディドロの質問がどのような領域に及んでいたかを逆に知ることができて興味深い。

先ほどのリフレインにもあったように、ディドロが、国家の基盤を農奴制に置く専制君主（エカテリーナ）に何度も尋ねたかったことは、農奴の問題であったろう。女帝は、これには沈黙をまもることが多かったにちがいない。

『訓令』二六三条《支配者に対しかくもしばしば農奴の反乱を引きおこした原因を同時に防ぐよう努める必要がある》（エカテリーナ）に対し、彼は、次のような厳しいコメントをつけている。

「農奴の支配者に対する反乱を防ぐ最良の方法がある。それは、農奴をなくすことである(56)」と。

アフォリスム形式をとっているので、フリードリヒ二世に対してか、あるいはエカテリーナ二世に向けられた非難か分らないが、奴隷についても、『政治原理』の中から、次の言葉を拾うことができる。

「奴隷を市民と呼ぶこと。これは結構なことだ。けれども、奴隷を全く持たぬ方がさらに良かろう(57)。」

先ほど紹介した『訓令』二六三条で、女帝が農奴の反乱防止に神経をとがらせていたように、十八世紀における最大の農奴の反乱といわれるプガーチョフの乱（一七七三―一七七五年）は、ディドロのペテルブルグ滞在の前後におこっていたのである。[58]けれども、この乱の真只中にいながら、ディドロは、現地でこれについて知らされていなかったようだ。[59]

農奴の解放を訴えるディドロに耳をかすどころか、女帝はプガーチョフの乱にかんする厳しい緘口令をディドロの周辺にしいていたものと思われる。

事実は、ディドロの切なる願いを裏切るかのように、女帝は、農奴制を強化した結果、「十八世紀を通して、農奴の身分はただ悪化するばかりで」、「エカテリーナの治世はロシアにおける農奴制の頂点をしていた」[60]のである。

プガーチョフの率いた反乱は、結局、首謀者の逮捕によって鎮圧されたが、この事件は、エカテリーナ二世の手になる、虚飾に彩られた『訓令』を読んでフィロゾーフたちが描いたリベラルなロシアという迷景《ミラージュ》とは、全く別の姿を露呈させたのだ。

「私がいましがた書いたことを読み、己の良心の声に耳をかたむけてみて、もしも女帝の心が喜びにふるえるのなら、彼女は奴隷を必要としない。彼女が身震いをし、彼女から血がひき、青ざめるのなら、彼女は以前よりも自分がまともな人間になったと思ったのだ」[61]と。

『考察』は、長らくディドロの筐底に眠っていたが、彼の死後、娘のヴァンドゥール夫人は、女帝と父との生前の約束にもとづいて、『考察』をペテルブルグへ送った。一七八五年十一月二十二日に、ディドロの手稿を引出しの中で見つけた女帝は、グリムにこう打ち明けている。

「この作品はまさに饒舌そのもので、そこには、諸事情の認識も、慎重さも、洞察力もありません。私の『訓令』がディドロの趣味にかなっていたら、事態をめちゃくちゃにするのにふさわしいものとなったことでしょう。〔……〕ひとの仕事をとやかく言うのはやさしいですが、仕事の方はむずかしいのです。〔……〕ディドロは、この作品をロシアから帰国後に執筆したにちがいありません。と言いますのも、彼はそれについて、私には一言もいいませんでしたから。(62)」

ディドロが女帝に送った手稿は、現在にいたるまで発見されていない。P・ヴェルニエールは、女帝が破棄したのではないかと推測している。(63) けれども、両者の間でかわされた内心のドラマのほぼ全貌はヴァンドゥール家に残された写本のお陰で、こうして窺うことができるのである。

内側からの告発――ラヂーシチェフの場合

エカテリーナ二世の治世は、一七六二―一七九六年であったが、あたかもこの期間に重なるかのように生きたロシアの作家がいた。その名前は、アレクサンドル・ニコラエヴィチ・ラヂーシチェフ Radichtchev（一七四九―一八〇二）といい、彼は、エカテリーナ女帝の時代のロシアに山積した、様々な暗黒面を内部告発する著述、『ペテルブルグからモスクワへの旅』（一七九〇年）を書いた人として知られている。幸いなことに、この書（以後は『旅』と略記する）は、二六年も前に、渋谷一郎氏の手で、巻末には詳細な注と書誌がつけられた見事な翻訳で刊行されている(64)ので、以下の文章での引用および言及はすべてこの訳書に依らせていただくこととする。

『旅』の全篇は、冒頭の友人あての「献辞」と終章の「ロモノーソフによせて」を除くと、ペテルブルグからモスクワまでの駅逓の名前がつけられた二十五の章で構成されているが、作品全体は、いわゆる〝旅行記〟ではないことを最初に断っておきたい。

著者のラヂーシチェフは、エカテリーナ女帝の創設になる少年侍従学校《コール・デ・パージュ》で学んだ後、一七六六年にペテルスブルグを発ち、訳者の「あとがき」（ラヂーシチェフ小伝）に依れば、「数名の秀才とともに、未来の法治国の「未来の法律家」となるため、ライプツィヒ大学へ送られた」[65]という。

私が最も興味を惹かれるのは、ラヂーシチェフのライプツィヒ滞在中（一七六七―一七七一年）の約四年間に、彼がフランスをはじめとするヨーロッパの啓蒙思想を深く摂取してロシアに帰国したということである。『旅』の中で、言及される十七・十八世紀の思想家、作家としては、デカルト、ピエール・ベール、ベイコン、ヴォルテール、ヴォルフ、レチフ・ド・ラ・ブルトンヌ、ヘルダー、ゲーテ等の名前を拾うことができるし、ラヂーシチェフが『旅』において、引用もしくは直接言及している同時代のヨーロッパのフィロゾーフ（啓蒙思想家）としては、ロック、ルソー、エルヴェシウス（三人から教育論の影響をうけた）、マブリ（その『ギリシア史にかんする考察』*Observations sur l'histoire de Grèce* を一七七三年に露訳した）[66]、レナール師（『両インド史』から引用している）[67]を挙げることができる。たんに、同時代人だけではない。これらの人に、ソクラテスやセネカ等への言及を加えねばならないので、ラヂーシチェフの幅広い教養と啓蒙思想の深い理解は、ヨーロッパのフィロゾーフのそれと比べても、遜色がなかったと言えるだろう。

ただ、ディドロを学ぶものとして、残念に思うのは、ラヂーシチェフは、『旅』にかんする限り、この哲学者《フィロゾーフ》（ディドロ）への直接的な言及はどこにも行っていないように思われる。従って、ディドロとラヂーシチェフとの顕在的な（あるいは潜在的な）関係があるのかどうか、さらには、この種の問題を扱った研究があるのかどうかは、私は全く知らない。以下の頁で若干考察してみたいのは、『旅』の中には、もしディドロがラヂーシチェフを読んだとしたら、諸手をあげて賛成してくれそうな個所がいくつもありそうに思われるので、同時代のロシアにも、フランスのフィロゾーフに比肩する、いな、彼ら以上にラディカルな思想家が存在したことについてであり、私の意図は彼をフランスの啓蒙思想の文脈で読みなおしてみるということにすぎない。

次に、『旅』のいくつかの章を具体的に検討してみよう。第一に取上げたいのは、ラヂーシチェフの自由の謳歌である。

トヴェーリと題された章では、「わたし」（『旅』の語り手）は、たまたま旅宿の昼食の席である詩人と知り合う。ロシア語の詩学にかんする自説を一席ぶった後で、詩人が、自作の頌詩（題名は自由）の出版が許可されなかったことについて、エカテリーナ女帝の『訓令』にも触れて、次のように述べているところがある。

「題名のことだけで、わたしはこれらの詩句の印刷を、ことわられてしまいました。でもわたしはよく覚えていますが、新法典の編纂にかんする勅令では、自由のことを語るにあたり、こう言われています。「万人が同一の法律に従うことを、自由と称すべきである」。ですから、わが国における自由について語ることは、ふさわしいことですな。

1

おお！　天の祝福された贈りもの、
すべての大いなるわざのみなもとよ。
おお！　自由、自由、こよなく貴き贈りものよ！
奴隷がお身をたたえることを許したまえ。〔……〕[68]

2

人間はすべてにおいて、生まれながらに自由である。

〔……〕[69]

紙幅の関係で引用はこれだけで打ち切るが、自由と題されたこの頌詩を読むと、ディドロの読者なら、彼が一七七二年に発表した熱狂歌『自由の熱狂者たち』*Les Eleuthéromanes*[70]をどうしても想い出さずにはおられないことだろう。

第一の声

自然の子は隷属を嫌う。

権威と名のつくものには、どんなものにでも仮借なく刃向かい、くびきにたいしては怒りに燃える。強制されれば、この子の心は傷つく。

自由こそはこの子の願い。ほとばしる叫び声は自由。[71]

二つの詩をめぐっては、執筆の動機も異なるであろうし、自由についての把え方も同じではあるまい。私が問題にしたいのは、フランスとロシアの二人の作家が期せずして自由への欲求を叫ばなければならなかった共時的状況にすぎない。

ラヂーシチェフは、『旅』の随所で、人間は本来、自由で、平等であるという主張をくりかえしているが、無実の人々を裁くことの矛盾を感じて辞職した裁判所長の口を借りて、自由と市民たる条件との関係を、次のようにも言わせている。

「人間はあらゆる点で他の人と平等なものとして、この世に生まれてくるのです。われわれはみな、同じような手足をもち、誰でも理性と意志をもっています。ですから人間は社会と関係をもたなければ、自己の行動の上で誰にも左右されない存在なのです。ところがかれはそのことに制限を設けるのです。すべてのことで自分の意志だけに従うことをがえんぜず、自分とひとしい人間の命令をきくようになる、つまり市民になるのです(72)。」

第二に、自由について、このように考えるラヂーシチェフが農奴や奴隷の存在をどのように考えていたかを見てみよう。

メドノエと題された章では、負債の支払いができない人たちが競売に付される情景が活写されているが、これを目撃して取り乱した「わたし」は、居合わせた外国の友にこう叫ばずにはいられなかった。

「――われわれの昏迷を見物しないでくれ、そしてわが国の風習について、お国の人びとと話すときには、われわれの恥をかれらに知らせないでくれたまえ(73)。」

そして、他の個所では、「農夫たちは今にいたるも、われわれの間で奴隷なのだ(74)」という事実をはっきり認めた上で、ラジーシチェフは、「そこの市民の三分の二が、市民たる身分をうばわれて、法律上のある部分では死人であるような国を、幸福な国と呼びえようか？　ロシアにおける農民の、市民としての状態を、幸福なものといえるだろうか？[75]」と指摘して、この国の農奴制の実態をあばいている。

さらには、家畜同様に虐げられる奴隷が主人に反抗する状況を想定して、次のようにも述べている。

「何の罪とがもない自由な人びとが、かせにつけられて、家畜のように売られるのだ！　おお、法律よ！　お身の至賢は往々にして、その言いまわしだけにとどまっている！　それはお身にとって、あからさまな侮辱ではあるまいか？　だが、なおそれにもまして、自由の聖なる名の冒瀆だ。おお！　もし重きくびきに苦しめられた奴隷たちが、絶望のあまり荒れくるい、おのが自由をさまたげる鉄鎖もてわれわれの頭を、無情な主人どもの頭をうちくだき、われわれの血で自分の畑をひたしたとしても！　国家はそれによって、何を失うだろうか？　まもなく、しいたげられた人びとを救う偉人たちが、かれらのなかから現われるにちがいない、しかも、この手合いは、自分の使命をよく心得ていて、圧政の権利をおびないだろう。これは夢ものがたりでない、まなざしは、われわれの目から未来をおおう、時の厚いとばりをつきぬけている。わたしの見とおすのは、まる一世紀も先のことなのだ。[76]」

奴隷にも抵抗権があることを認める、このようなラジーシチェフの預言者的な「呼びかけ」を読むと、彼が何回か引用しているレナール師の『両インド史』における「ホテントット人への呼びかけ[77]」――レナール師の口を借りたディドロの声――や『セネカ論』第二版におけるアメリカ独立戦争時の「独立軍への呼びかけ[78]」を、またしても、私は想い出さずにはおられない。

ここでは、前者の引用だけにとどめたい。

「逃れろ。可哀想なホテントット人よ、逃れろ。森の奥深く入り込め。森に住む猛獣も、御前らが魔手にかかろうとしている怪物たちほどおそろしくはない。虎はおそらくお前らを引裂くことだろうが、お前らから生命だけを奪うことだろう。他方〔＝怪物〕は、お前らから純真さと自由とを取上げることだろう。あるいは、お前たちに勇気があると感じるのなら、斧をとり、弓をひき、これらのよそ者に毒矢の雨を降らせよ。〔……〕」

両者が取上げた、圧政に虐げられる人たちは国籍もちがうし、彼らの置かれた状況も同じでないことは断るまでもない。けれども、彼らの「呼びかけ」を行わずにいられなかった極限状況が同時代の随所に存在し、抑圧される人たちへの共感を声高に叫ぶかぎりにおいて、二人は共通するのである。

三番目に指摘しておきたいのは、ラヂーシチェフが、ロシアにおける教育の実情を批判している点である。簡単にいえば、現行の教育は、前世紀の遺物であるという主張に尽きるかと思う。[79]この点でも、帰仏後、エカテリーナ女帝に『ロシア政府のための大学プラン』[80]を送り、〝実用教育〟を説いたディドロの主張と一脈通じるものが感じられる。

さらに、ラヂーシチェフは、『旅』において、エカテリーナ女帝および彼女の寵臣ポチュムキンの不正を露骨に糾弾する諷刺も忘れていない。[81]

このような凄まじい内部告発の書が、当時のロシアで罷りとおるはずはなかった。ラヂーシチェフは、辛うじて約六五〇部を自費出版したにすぎなかったが、たちまち逮捕され、死刑の判決を言い渡される。

『旅』をめぐっての、エカテリーナ女帝の振舞いで注目を惹くのは、彼女がひそかにこの書を読んでいて、余白に彼女自身の書き込みを入れていることであろう。ラヂーシチェフが農奴の解放を訴える条りにつけられた書き込みの一つに、「地主にたいする農民の、上層にたいする軍隊の、反乱をめざしている。著者は、安寧と秩序のことばを好まない」(82)とあるという。

この件は、現地駐在のフランスの外交官リュリエール Rulhière の書き残した『一七六二年のロシア革命にかんする報告』*Histoire ou Anecdotes sur la Révolution de Russie en 1762*（刊行は一七九七年）――女帝の夫ピョートルの殺害をめぐる証言――の草稿の没収を、ディドロを介して、エカテリーナが執拗に要求したことや、パリ科学アカデミー会員のシャップ・ドートロッシュ Chape d'Autoroche の執筆した『シベリア旅行』*Voyage en Sibérie*（一七六八年）にも、余白に女帝が書き込みをしたばかりでなく、『解毒剤』*Antidote*（一七七〇年）を書いて、シャップの報告を逐一反駁したことを想起させるものである。(83)

フランスのフィロゾーフに対しては、リベラルなロシアの喧伝に努めたエカテリーナ女帝であったが、自ら手塩にかけて養育しようとした秀才の一人によって、皮肉なことに、彼女が営々として築きあげた迷景《ミラージュ》としてのロシアの屋台骨は、彼女の生前にこのようにゆさぶりをかけられていた。

むすび

「ディドロとロシア体験――十八世紀における理論的実践の一例」(84)と題した論文の中で、J・プルーストは、『百科全書』において表明されたディドロの政治哲学の大きな原理はその後も変わっていず、おおむね次のようにまとめられる、と言っている。

「(1) 政治的秩序は、社会体《コール・ソシャル》の最大善を志向する。

(2) 社会体の意志、または一般意志〔傍点は原文でイタリック〕は、かくの如き秩序を実現させることである。

(3) 一般意志は、利害や情念ぬきで理性を働かす有識者なら誰にでも判別できる。
(4) 君主の権威は、このような意志に奉仕することであって、その逆ではない。
(5) 君主の権威は、絶対的に、完全に行使されねばならないが、君主自らが哲学者でない場合には、真実とあやまりとを分別する能力のある、公平無私な有識者が君主の面前で絶えず一般意志を表明することを許さねばならない。」

ディドロのロシア滞在との関係に焦点を合わせると、J・プルーストが手際よく要約した政治哲学の原理の中では、とくに項目(5)、が最も重要であるように思われる。というのも、エカテリーナ二世との〝対話〟において、ディドロは、ここでいう哲学者の役割を演じてきたと考えられるからである。

ロシア旅行の後で、――実際はペテルスブルグ滞在中に起っていたのに――ディドロが発見したことの一つに、プガーチョフの民衆蜂起があった。これを機に、ディドロは、理論上の政治哲学においては、これまで比較的小さな位置しか占めてこなかった人民の登場という新しい要素が加わり、彼の政治理論の変更をせまられることになっていくのである。J・プルーストの言葉を借りると、「全き受け身でない[85]」人民の存在に、ディドロは気付くのであるが、これ以降、彼の政治哲学には、哲学者と人民との関係が一層クローズアップされていき、レナール師の『両インド史』第二・第三版への執筆協力や、最晩年の『セネカ論』において、ディドロのいわゆる人民への「呼びかけ」は頂点に達すると考えられる。この意味では『エカテリーナ二世のための覚え書』(一七七三年)や『「訓令」にかんする考察』(一七七四年)を、晩年の政治思想における過渡期的作品とみなすことができるだろう。

ディドロにおける政治原理を独自の視点から考察したA・ウィルソン[86]によると、彼の政治理論には、今日の言葉でいう功利主義がみられ、その大きな特徴は次の三点にしぼれると言う。

「(1) 諸制度は有益性をもたねばならないし、有益でなければならない。

(2) 個々人の権利と個人的自由への強い信念がある。

(3) 個々人の自由は、他人の利害への正当な尊重によって制限され、社会化されねばならない[87]。」

そして、このような政治理論に基づいて、『「訓令」にかんする考察』において行った「彼の一般論は、女帝をおこらせるほど、十分に批判的で、明確であった[88]」とウィルソンは言う。

結論的には、ロシア行を決意したディドロの意図と彼をペテルブルグに迎える女帝の目的との間には、はじめから大きな齟齬があったと考えられる。ディドロの側では、フランスの啓蒙哲学をロシアに持ちこみ、上（女帝）からの改革を推進しようと努めたのに対し、女帝にとっては、『百科全書』の完結で人類の歴史に金字塔をたてたばかりのディドロがロシアに来てくれるだけで十分だった。

一方、ディドロが訪露前にも、彼地に滞在中も、大きな期待をかけていたロシア語版「新百科全書」の企画は、どうなったのだろうか。

すでに第Ⅱ節で述べたように、ディドロは、一七七三年十一月一日に、ロシア科学アカデミーに対して、シベリアの鉱物資源にかんする二四項目からなる覚え書を朗読し、その調査の依頼をした。けれども、科学アカデミーのために実際にシベリアの調査を行ったラックスマン等の回答は、ディドロの手にはついに渡らず、彼は、ロシア語版「新百科全書」の企画がどのように進展したのか知らずに帰国せざるをえなかった。

エカテリーナ女帝、侍従ベッコーイ将軍、ディドロが織りなす、この企画の顚末は、J・プルーストの論文「ディドロ、ペテルブルグ・アカデミーとロシア語百科全書の企画」[89]において詳しく語られている。ディドロの方でも、この企画のために、フランスに持ち帰ったロシア語の書物をパリの王立図書館に買いとってもらった時、ロシア語版「新百科全書」にかけた夢は、ついえたのだった。[90]

事実、J・プルーストが言うように、ディドロは「ロシア語のわずかな心得――ほんのわずかな心得を習得していた[91]」だけなのであるから、女帝を中心とする極めて限られた人間にしか接することができず、慧眼のディドロにとってもロシアの現実は結局、見えていなかったのである。

注

（1）例えば Jacques Proust, *Diderot et l'Encyclopédie* (Paris, 1962), p.341.「ディドロの政治思想が多様化し、極めて興味深くなるのは、一七六五年以降のことで、彼が非常に具体的な一連の問題、すなわち、レナールとの植民地の、ロシアの豊かで、変転する現実を研究する機会と余暇とを有した時である。」最近では、Jean-Claude Bonnet, *DIDEROT; Textes et débats* (Paris, 1984), p.284 以下を参照。

（2）本書の第2章に再録。

（3）Guillaume-Thomas Raynal, *Histoire philosophique et politique des établissemens et du commerce des Européens dans les Deux Indes* (Genève, 1770).

（4）Michèle Duchet, *Diderot et l'Histoire des Deux Indes ou l'Ecriture Fragmentaire* (Paris, 1978), p.10.
（5）小場瀬卓三『ディドロ研究』上巻（白水社、一九六一年）、二六七―三一八頁。
（6）浜田論文および、つぎの村井論文も、雑誌『近代』第五十六号、「浜田泰佑教授　定年退官記念特集」（神戸大学『近代』発行会刊、一九八一年三月）に掲載。
（7）Albert Lortholary, *Le Mirage russe en France au XVIIIe siècle* (Paris, 1951).
（8）Jaques Proust, *L'Encyclopédie*（Paris, 1965), p.197. 平岡・市川訳『百科全書』（岩波書店、一九七九年）、二三七頁。
（9）Denis Diderot, *Correspondance* publiée par G. Roth et J. Varloot〔Coor.〕, t. V, p.26.
（10）*Corr.* t. VII, p.54
（11）*Corr.* t. VII, pp.88–89.
（12）J・プルースト、前掲邦訳二三八頁。
（13）M. Strange, «Diderot et la société russe de son temps», dans *Annales Historiques de la Révolution Française*, No. 3 (1963), pp.295–308. 言及の部分は pp.295–298 を参照。
（14）Jaques Proust, «Diderot, L'Académie de Pétersbourg et le Projet d'une Encyclopédie russe», dans *Diderot Studies* [DS] No.12 (1969), pp.106–107.
（15）*Corr.* t. XV, pp.766–767.
（16）*Corr.* t. VII, p.54.
（17）*Corr.* t. VII, p.89.
（18）Lortholary, *op. cit.*, p.105 を参照。
（19）Maurice Tourneux, *Diderot et Catherine II*（Paris, 1899), p.59.

(20) Jaques Proust, «La Grammaire russe de Diderot», dans *Revue d'histoire littéraire de la France* [RHLF]. Juil.-Sept. (1954), p.329.

(21) *Ibid*., p.331.

(22) Diderot, *Mémoires pour Catherine II*〔*Mémoires*〕, Ed. P.Vernière (Paris, 1966).

(23) *Mémoires*. p.XXIV.

(24) Arthur M. Willson, *Diderot* (Oxford Univ. Press, 1972), p.632.

なお、伝記作品としては、作家のトロワイヤの Henri Troyat, *Catherine La Grande* (Paris, 1977).（邦訳がある）があり、この辺の事情は詳しく書かれている。これについては、次の、私の短評も参照されたい。市川「A・ロルトラリ著『十八世紀フランスにおけるロシアの幻影』を読む」早大比較文学研究室編『比較文学年誌』第十四号（一九七八年）三三―三四頁。

(25) *Mémoires*. p.32.

(26) *Mémoires*. p.43.

(27) *Mémoires*. p.101.

(28) *Mémoires*. p.109.

(29) *Mémoires*. p.215.

(30) 本書第2章を参照されたい。

(31) *Mémoires*. p.215.

(32) Diderot, *Plan d'une université pour le Gouvernement de Russie*. *Œuvres Complètes*. 20 vol. Editions Assézat-Tourneux [Ed, A-T.], t. III, p.508.

(33) *Mémoires*. p.242.

（34）*Mémoires*. p.126.

（35）*Mémoires*. p.208.

（36）*Mémoires*. p.235.

（37）*Mémoires*. p.181.

（38）*Mémoires*. p.261.

（39）Willson, *op. cit.*, p.640.

（40）Le Comte de Segur, *Mémoires ou Souvenirs et Anecdotes*. 3 vol. (A. Eymery, 1827), t. III, p.37.

（41）*Corr*. t. XIII, pp.162–191；Maurice Tourneux, *op. cit.*, pp.532–556.

（42）*Ibid.*, p.170.

（43）Diderot, *Œuvres politiques*〔*OPL*〕, Ed. P. Vernière (Paris, 1963). *OPL*. p.148.

（44）Anthony Strugnell, *Diderot's Politics：A Study of the Evolution of Diderot's Political Thought after the Encyclopédie* (The Hague, 1973), p.134.

（45）*OPL*. p.229；n.2.；*Mémoires*. p.280；n. 15.

（46）*OPL*. p.332；Wilson, *op. cit.*, p.650.

（47）*Observations sur le Nakaz*〔*Observations*〕, dans *OPL*. pp.343–458.

（48）*Principes de Politique des Souverains*〔*Principes de Politique*〕, dans *OPL*. pp.159–207. なお、この小冊子の最終題名は、『タキトゥスの余白に、ある君主の手で書かれた覚え書』であったという。*Corr*. t. XIV, p.84；n. 19.

（49）*OPL*. p.343.

（50）Diderot, *Textes Politiques*.〔*TP*.〕Ed. Yves Benot (Paris, 1960), p.73；*OPL*. p.354.

（51）*TP*. p.75；*OPL*. p.357. なお『訓令』の訳出にあたっては、ドミトリーシンの次の書に含まれる英訳も参考にした。Basil Dmytryshyn, *Modernization of Russia under Peter I and Catherine II* (John Wiley & Sons, 1974).

(52) «Autorité politique», dans *OPL*. p.14.

(53) *TP*. p.119 の〈plus ou moins grande〉は、Dmytryshyn p.102 では、〈more or less alleviated〉と訳されている。

(54) *TP*. pp.119–120.

(55) *OPL*. pp.385–387.

(56) *OPL*. p.407.

(57) *OPL*. p.166.

(58) Strange, *art. cit.*, p.308.

(59) Wilson, *op. cit.*, p.641.

(60) *La Révolte de Pougatchëv* présentée par Pierre Pascal (Paris, 1971), pp.179–180. 同じ著者による『ロシア史』山本俊朗訳（白水社、一九七〇《文庫クセジュ》）p.90には、「農奴の数は、国有地が寵臣たちに分与されたため、増大した。哲学者エカテリーナは八〇万の自由農民を奴隷化したのである」と述べられている。

(61) *OPL*. p.345.

(62) *OPL*. pp.333–334.

(63) *OPL*. p.334.

(64) A・H・ラヂーシチェフ著、渋谷一郎訳『ペテルブルグからモスクワへの旅』（東洋経済新報社、一九五八年）。

(65) *Ibid*., p.332.

(66) *Ibid*., p.82 ; n. (2).

料金受取人払

新宿北局承認

3936

差出有効期限
平成21年2月
19日まで

有効期限が
切れましたら
切手をはって
お出し下さい

169-8790

260

東京都新宿区
西早稲田三—一六—二八

株式会社
新評論

読者アンケート係行

読者アンケートハガキ

お名前	SBC会員番号 L 番	年齢
ご住所 (〒) TEL		
ご職業(または学校・学年、できるだけくわしくお書き下さい) E-mail		
所属グループ・団体名 連絡先		
本書をお買い求めの書店名 市区郡町 書店	■新刊案内のご希望 □ある □ない ■図書目録のご希望 □ある □ない	

● このたびは新評論の出版物をお買上げ頂き、ありがとうございました。今後の編集の参考にするために、以下の設問にお答えいただければ幸いです。ご協力を宜しくお願い致します。

本のタイトル

● この本を何でお知りになりましたか

1.新聞の広告で・新聞名（　　　　　　）2.雑誌の広告で・雑誌名（　　　　　　）3.書店で実物を見て 4.人（　　　　　　）にすすめられて 5.雑誌、新聞の紹介記事で（その雑誌、新聞名　　　　　　）6.単行本の折込みチラシ（近刊案内『新評論』で）7.その他（　　　　　　）

● お買い求めの動機をお聞かせ下さい

1.著者に関心がある 2.作品のジャンルに興味がある 3.装丁が良かったので 4.タイトルが良かったので 5.その他（　　　　　　）

● この本をお読みになったご意見・ご感想、小社の出版物に対するご意見があればお聞かせ下さい（小社、PR誌「新評論」に掲載させて頂く場合もございます。予めご了承下さい）

● 書店にはひと月にどのくらい行かれますか

（　　　）回くらい　　書店名（　　　　　　）

● 購入申込書（小社刊行物のご注文にご利用下さい。その際書店名を必ずご記入下さい）

書名　　　冊　書名　　　冊

● ご指定の書店名

書店名　　　都道府県　　　市区郡町

（67）*Ibid.*, p.30（原著者注）およびp.326 ; n. (27) を参照。
（68）*Ibid.*, p.245.
（69）*Ibid.*, p.247.
（70）Diderot, *Œuvres Complètes*. Ed. R. Lewinter〔OC Lewinter〕, t. 16, p.20.
（71）訳文は、中川久定著「ディドロの『セネカ論』」（岩波書店、一九八〇年）p.135より借用した。なお、ディドロの後期の政治思想における『自由の熱狂者』の位置づけについては、同書pp.134–138を併せ参照されたい。
（72）『旅』p.103.
（73）p.240.
（74）p.164.
（75）p.168.
（76）p.277.
（77）*OC*. Lewinter t.15, p.433.
（78）*Essai sur les régnes de Claude et de Néron*. dans *OC* Lewinter t.13, pp.558–559.
（79）『旅』p.62以下を参照。
（80）*Plan d'une université pour le Gouvernement de Russie*. Ed. A.-T.t.III, p.421.
（81）『旅』p.45以下。
（82）p.180 ; n. (3).
（83）Lortholary, *op.cit*. Rulhière については同書pp.186–191を、Chappe d'Auteroche については、同pp.191–197を参照されたい。
（84）J. Proust, «Diderot et l'expérience russe : un exemple de pratique théorique au XVIIIe siècle», dans *Studies on*

Voltaire and the eighteenth century〔*SVEC*〕. vol. 154 (1976), pp.1777–1800. 次の引用文は、p.1777.

（85）*Ibid.*, p.1791.

（86）A. Wilson, «The Development and scope of Diderot's political thought», dans *SVEC*. vol. 27. (1963), pp.1871–1900.

（87）*Ibid.*, p.1878.

（88）*Ibid.*, p.1886.

（89）J. Proust, «Diderot, l'Académie de Pétersbourg et le projet d'une *Encyclopédie russe*», dans *DS*. No.12 (1969), pp.103–131.

（90）A. Wilson, *DIDEROT*, p.658

（91）J. Proust, «Diderot, l'Académie de Pétersbourg…», p.129.

〔付記〕本論を脱稿後、一九八七年度の早大外国人招聘プログラムにより来日されたジャック・プルースト氏（当時、ポール・ヴァレリー大学栄誉教授）が行った講演「啓蒙時代におけるフランスとロシア」を訳出し、掲載した（『比較文学年誌』第二十四号、一九八八年）。しかし、その後、わたしはながらくこのテーマから遠ざかっていた。そこでエカテリーナ女帝にかんする最新の研究書等のいくつかに目を通してみた。その一冊にエレーヌ・カレール＝ダンコース著・志賀亮一訳『エカテリーナ二世——十八世紀、近代ロシアの大成者（上・下）』（藤原書店、二〇〇四年）がある。

カレール＝ダンコースは、晩年にロシアまで出かけ、女帝と対話をしたディドロについて、わたしが本論でしめしたのとほぼ同様の解釈を下し、「ディドロは、女帝の好奇心に応えるだけではなく、かの女のものの見方、さらには計画に影響を及ぼそうと考えている」と指摘した点をはじめに紹介しておきたい。

さらに、女帝との対話の中で、ディドロは啓蒙思想家の立場からロシアにおける農奴問題——これは女帝の鬼門にふれるテーマのひとつであったが——の解決を迫るが、エカテリーナの治世にロシアの農奴が増加したのではないかと見る歴史家の批判に答えて（たとえば、ピエール・パスカルは『ロシア史』〔山本俊朗訳、クセジュ文庫〕において「農奴の数は、国有地が寵臣たちに分与されたため、増大した。啓蒙思想家エカテリーナは八〇万の自由農民を奴隷化したのである！」と指摘した）、カレール＝ダンコースは次のようにいう。

人間中心主義をフランス啓蒙思想家から学んだ女帝の言葉に「自由よ、あらゆるものの魂よ、おまえなしには、すべてが死んでいる」とあるように、魂ある人間の奴隷化にエカテリーナ二世は極力反対していたが、ロシアの厳しい現実（寵臣たちへの国有地と農奴の分与問題等）に阻まれ、女帝は農奴制の廃止までを成し遂げることはできなかった、と。しかしながら、このフランスの歴史家は、農奴の解放を準備した女帝の努力を評価しているように思われる（二〇〇七年一月記）。

4

ディドロとラヂーシチェフ

――エカテリーナ二世をめぐって

〔本稿は京都国際学会におけるフランス語での発表原稿を反訳したものである。第3章の記述と重なる部分もあるが、あえてそのままにした。本稿の成立について、詳しくは初出の『ディドロ、十八世紀のヨーロッパと日本』を参照されたい。〕

ロシアにおけるディドロとエカテリーナ二世との出会いは、たんにフランスの一フィロゾーフ（啓蒙思想家）と同時代の専制君主との対決にとどまっただけではなく、両者は遠隔の地にあったにもかかわらず、ディドロが実際にサンクト・ペテルブルグの宮廷を訪問するはるか以前から、たがいに決してとぎれることのなかった友情と信頼の絆を確認する絶好の機会でもあった。これほど長く続いた両者の関係を仔細に検討してみるならば、この出会いをめぐる実際上の動機の様々な局面および両者がいろいろな場合にその意を表明しなければならなかった、多かれ少なかれ微妙なニュアンスを見出すことができることであろうし、それらは思いのほか、複雑で、曰く言い難いものであったろう。

例えば、サンクト・ペテルブルグ滞在中の、一七七三年一一月に、ディドロが、エカテリーナ二世に手紙を書いて、女帝がロシアの玉座に就くに至った経緯、すなわち、いわゆる一七六二年の宮廷革命について知らないと言った時[1]などがそうである。

ところが、周知のように、この歴史上の大事件をめぐっては、当時、フランス大使館付参事官としてサンクト・ペテルブルグにあった、クロード・カルロマン・ド・リュリエールが、信頼すべき筋からの情報にもとづいて、『一七六二年のロシア宮廷革命にかんする報告』(2)を書き残していたし、エカテリーナ二世のたっての願いを容れて、女帝にとって芳しからぬ証言が随所にみえる、この具合の悪い文書がパリで陽の目を見ることがないよう尽力したのは、ほかならぬディドロ自身だったのである。従って、ディドロが一七六二年の、あの宮廷革命に通暁していたことは明白であり、その上、このことはダーシェコヴァ夫人が残した信頼に値する別の証言によっても確証されている。(3)

さらに、ディドロは、ロシアに到着する以前から、科学アカデミー会員のシャップ・ドートロッシュが専制的政治形態とロシアの現実を厳しく批判したその著書『シベリア旅行記』（一七六八年）およびシャップ・ドートロッシュがその著作でおかした過ちを指摘するために書かれた、エカテリーナ二世の反駁書、『解毒剤』（一七七〇年）を読んでいたにちがいない。(4)

このように見てくると、ディドロは、ロシアのなんたるかについては、その若干の現実にかんして個人的見解を有していたし、絶えることのなかった両者の文通のおかげで、君臨する女帝がどういう人であるかを知るほどの、かなりはっきりした認識をもっていたと考えていいのではないかと私は思う。

事実、ディドロの『エカテリーナ二世のための覚え書』を読んでみると、両者の対談中、ディドロとエカテリーナ二世との間には、なんらかの親愛の情が芽生えるのを感じたのではないかと思いたくなるほどなのである。J・カステラの筆になる『エカテリーナ二世の生涯』（一七九七年）に依れば、ディドロと女帝との対談は、全くの水いらずで行われたので、女帝はディドロを自分のそばに座らせた。ディドロは、感きわまった時には、女帝の膝を手の甲でたたいていたが、女帝は気を悪くしたようにはみえなかった、(5)

という。

第一に、ディドロがロシアの未来に対して有益な提案をエカテリーナ二世に行う時には、彼はよく事情を心得ていた者として、女帝側からの故意の黙殺もなかったわけではない数多の指摘をせざるをえなかったことを人は認めなければならないことだろう。

第二に、少なくとも『エカテリーナ二世のための覚え書』の真意を汲み取ることだけに限るとしても、両者の言辞における行間の意を読み取ること、とりわけ、ディドロの「政治的おしゃべり」(6)において彼が演ずる役割を読み取ることに、できる限りの努力を傾注しなければならないだろう。

雑誌『思想』のディドロ特集号に、『ディドロとエカテリーナ二世——十八世紀フランスにおける一つのロシア体験』(7)と題する小論を執筆した直後だったので、最初、私は、日本語で書いたことのあらましを、フランス語で発表するつもりだった。ところが、ごく最近、私は、一九八一年に英国のイースト・アングリア大学で開催された国際学会(「一八世紀におけるロシアと西欧」)の議事録(8)をたまたま読む機会があった。ディドロ没後二〇〇年に三年も先行した形の、この国際学会には、イギリス、アメリカ、カナダ、東独、ロシアなどからの約五〇名の専門家が参加した。ところが、どういうわけかわからないのだが、参加者のリストにはフランス人の名前が見当らなかったのである。

この議事録の中で、私は、次の二つの発表(9)、すなわち、『エカテリーナ二世とフィロゾーフたち』にかんするイザベル・ド・マダリアガの発表と『政治、性欲ならびに農奴制。エカテリーナ二世とシャップ・ドートロッシュ師との論争』にかんするG・マンソロの発表とを大変興味深く読んだ。というのも、ディドロがロシアについて抱いた認識を批判する、イザベル・ド・マダリアガの発言が適切であるとするならば、私は、前述の日本語で書いた小論において表明した若干の見解を手直ししなければならなくなるだろうと思ったからなのである。

イザベル・ド・マダリアガは、その発表の中で、とりわけ、以下の、重要な二点を指摘した。

第一点は、マダリアガに依れば、ディドロはエカテリーナ二世が起草した『訓令《ナカーズィ》』の一六九にのぼる条項に注釈をつけたが、その条項一〇〇のうち、大部分はモンテスキューからの借用であり、二〇はベッカリーアからの借用であったとされる。従って、『訓令』をめぐって、ディドロが表明した批判はエカテリーナ二世の政治的立場ではなく、モンテスキューのそれに向けられるべきなのに、従来は、ディドロの、女帝に対する大きな失望と見なされてきた、とマダリアガは考える。

具体的な一例として、氏は、エカテリーナ二世による『訓令』第三章一九条から、氏によれば、モンテスキューの『法の精神』（第二篇第四章）からの借用とされる「君主は、一切の政治的・市民的権力の源泉である」（エカテリーナ二世）ならびに、この条項に該当する次の、ディドロの有名な注釈を引用している。

君主は、一切の政治的・市民的権力の源泉である。これは、私には理解できない。一切の政治的・市民的権力の源泉となるのは、代議員か、または団体として集まった人によって代表される国民の同意であるように私には思われる（ディドロ）。（傍点は原文でイタリック）[10]

第二に、イザベル・ド・マダリアガは、ロシアにかんするディドロ＝レナール師の批判の大部分は、事実誤認にもとづいていると指摘し、とりわけ、次の例を引用している。

――ロシアには、私有権にたいするいかなる保障もなかった。（正確ではない）

——領主法廷以外に裁判所はなかった。(正確ではない)
——ユダヤ人を除けば、宗教上の寛容はあった。(もはや正確ではない)[11]

さて、次に、駆け足で、G・マンロの発表にふれてみたい。この発表の目的は、シャップ・ドートロッシュ師の『シベリア旅行記』の内容、ならびに、『解毒剤』におけるエカテリーナ二世の反駁の中身を具体的に知らしめることにあるようだ。従って、私は、次の、興味深い二点を指摘するだけにとどめたい。

一、社会悪のすべてを、シャップ師が専制的政治形態に帰属させたことに抗議して、エカテリーナは、ロシアはフランスほど専制的でないと切り返している。[12]

二、ロシア農民の惨状について、エカテリーナは、ロシア農民の状態は、他国の農民のそれよりもましだと反論している。[13]

以上が、大雑把に言って、二つの発表において、私が興味深いと思ったことである。私自身は、この会場にこんなに大勢ご出席の、フランスのディドロ研究者を面前にして、とくに、イザベル・ド・マダリアガの指摘についてとやかく言う立場にないと考える。従って、その指摘の細かい検討は、発表後の討論にゆだねることにしたい。

ここで、私の報告の前半を要約すると、ロシア女帝を面前にしたディドロの発言と態度の意義について私がどう考えているかは、次の通りである。

女帝の膝下でディドロが列挙した具体例を捨象することにすれば、ディドロは、エカテリーナ二世に対し抱いた共感がどのようなものであったにしろ、彼が女帝と二人だけで相対した際にも、人間の自然権の復権を要求したのだということをはっきりさせておかねばならないと、私は考える。

一例を挙げると、ロシアの現実に対するディドロの知識がいかに制約されていたとはいえ、彼の第一の関心事はエカテリーナの農奴の解放を求めることだったと思われる。この問題を提起した際に彼がいかに微妙な言い回しを用いたとしても、ロシアにおける農奴の削減を求める彼の要求は、エカテリーナとの対話から、ディドロの死後、女帝に発送された『「訓令」にかんする考察』に至るまで、一貫していた。

なお、ディドロは、ロシアの土壌への、外国文化のいかなる移植にも反対していた。逆に、彼は、エカテリーナが、「才能と良俗に恵まれた市民を輩出させる養成所[14]」となることを目的とした、第三身分の育成に専心するように、女帝との謁見を通じて要求していたが、宮ヶ谷徳三氏（神戸大（当時））が、「ディドロとルソー——公教育の理念をめぐって」と題した発表において、先ほど、ディドロの思想の、この点を適切にを強調されたばかりなので、私が再説するには及ばないと思う。

さて、これから、私の発表の後半に移り、『サンクト・ペテルブルグからモスクワへの旅』を著したラヂーシチェフ（一七四九—一八〇九）とエカテリーナ二世とのことに触れてみたい。

最初に、エカテリーナ二世と同時代の、このロシア作家にディドロが直接影響を及ぼしたのではないか、という点を微力を尽して調べてみたが、次の二つの点で失敗におわったことを告白しておかねばならない。

第一に、私の知る限り、ジョゼフ・スュシーがルソーとラヂーシチェフとの関係を扱った論文[15]を発表されているが、この論文の中で、ラヂーシチェフはディドロも読んだということを氏はにおわされてはいるものの、ディドロの著作への正確な言及をどこにもしめされていない。

第二に、ドイツ語訳と英訳に続いて、フランコ・ヴェントゥーリが序文を付した『サンクト・ペテルブルグからモスクワへの旅』のイタリア語訳[16]が一九七二年に刊行されたことは確認できたけれども、ラヂーシチェフの、この重要な著作の仏訳はまだ行われていないように思われる。(補注)フランスにおける文献調査に協力されたことに対し、ここにご出席のエリック・ヴァルテール氏に感謝を表したい。

たとえ部分的であったにせよ、ラヂーシチェフがディドロの著作を読んだということがまだ証明されない限り、ポール・ヴェルニエールからジョルジュ・デュラックに至るまでの、フランスの批評家がエカテリーナとディドロとに関する研究において、このロシア作家に言及されてこなかったことは十分理解できることである。私自身ロシア語が読めないので、いまから約二五年前に出た邦訳(17)でラヂーシチェフを読んだにすぎない。

それはともかく、サンクト・ペテルブルグでエカテリーナ二世の創設になる少年侍従学校において秀才の一人として学んだ後、ライプツィヒ大学での五年に及ぶ留学生活に恵まれなかったとしたならば、ラヂーシチェフは、この政治的攻撃文書を執筆しなかっただろうということは、きっぱりと認めておかねばならない。ライプツィヒ滞在中に、彼はフランスやドイツのフィロゾーフ（啓蒙思想家）の書物を多く読みすぎたために、現代ロシアのある『百科全書』の項目「ラヂーシチェフ」に依れば、サンクト・ペテルブルグに帰国した時、ロシア語を忘れてしまっていて、学びなおさねばならなかったほどであったという。(18)

西欧の啓蒙思想家に対する彼の傾倒ぶりはかくの如きものであったので、『サンクト・ペテルブルグからモスクワへの旅』（以下、『旅』と略記）の中には、ピエール・ベール、デカルト、ヴォルテール、マブリ、ルソー、エルヴェシウス、レナール師といったフランスの哲学者を読んだ痕跡ばかりでなく、ゲーテ、ヘルダー、ヴォルフらのようなドイツの作家を読んだ痕跡も見出すことができる。マブリについては、ラヂーシチェフは、その『ギリシア史にかんする考察』（一七七三年）をロシア語に翻訳したし、レナール師にかんしては、『旅』の中で、直接原文で引用している。ルソーとエルヴェシウスについて言えば、ロシアにおける教育の批判と改革にあてられた部分の一部始終に両者の影響を見出すことはむつかしくない。特筆すべき唯一の「玉に疵」は、ディドロの名前がないことである。

レオ・ウイナーの英訳への、R・P・セイラーによる周到な序文(19)においても、フランスの哲学者の以下の列挙にも、ディドロの名が欠落している。

……ラヂーシチェフは、モンテスキュー、ヴォルテールとルソーばかりでなく、今日ではあまり知られていないベール、フェヌロン、エルヴェシウス、マブリとレナールといった、フランスのフィロゾーフを研究した(20)。

従って、私は、ディドロとラヂーシチェフの対比研究を行うつもりはなく、先に引いた同時代のフランスのフィロゾーフから多大の感化をうけているように思われるラヂーシチェフの若干の要求事項を浮き彫りにしてみたいのである。以下の文章において、原文からの引用はできないので、英訳の当該頁をしめすとともに、邦訳からの若干の引用を行いたい。

ラヂーシチェフのこの書物は、厳密な意味での旅行記ではないし、『旅』の全篇は、駅逓の名前がつけられた二五の章で構成されていることを、急いで言っておかなければならない。

『旅』の中にある章において、語り手（すなわち、ラヂーシチェフ）は、エカテリーナの『訓令』に言及しながら、「自由」と題された頌詩を書いた詩人に、次のように述べさせているところがある。

「題名のことだけで、わたしはこれらの詩句の印刷を、ことわられてしまいました。でもわたしはよく覚えていますが、新法典の編さんにかんする勅令では、自由のことを語るにあたり、こう言われています。

「万人が同一の法律に従うことを、自由と称すべきである」。ですから、わが国における自由について語ることは、ふさわしいことですな。」(傍点は邦訳者による。以下同様)(21)

次に、ロシア農民の惨状にかんするシャップ・ドートロッシュ師の批判に対し、エカテリーナは、『解毒剤』において、彼らのままあのゆとりを挙げて切り返していたことと、ロシアにおける農奴の隷属状態にかんするディドロの質問状に対し、エカテリーナがほぼ同様に答えたこと(22)を想起しておかねばならない。

彼女の巧みな言のがれに対し、ラヂーシチェフは、自国農民の生活のありのままを活写した証言をあえて対峙させた。

農夫たちは今にいたるも、われわれの間で奴隷なのだ。(23)

さらに、こうも言っている。

そこの市民の三分の二が、市民たる身分をうばわれて、法律上のある部分では死人であるような国を、幸福な国と呼びえようか。ロシアにおける農民の、市民としての状態を、幸福なものといえるだろうか。(24)

エカテリーナに対するラヂーシチェフの執拗な闘争において、私が最も興味深いと思うのは、彼がロシアにおける農奴の復権を要求することに手を緩めなかったその執拗さである。さらに、彼は、家畜のような状態に追いこまれた農奴は、いつなん時、反徒に豹変するかもしれないとまで予言した。

何の罪とがもない自由な人びとが、かせにつけられて、家畜のように売られるのだ！　おお、法律よ！　お身の至賢は往々にして、その言いまわしだけにとどまっている！　それはお身にとって、あからさまな侮辱ではあるまいか。だが、なおそれにもまして、自由の聖なる名の冒瀆だ。おお！　もし重きくびきに苦しめられた奴隷たちが、絶望のあまり荒れくるい、おのが自由をさまたげる鉄鎖もてわれわれの頭を、無常な主人どもの頭をうちくだき、われわれの血で自分の畑をひたしたとしても！　国家はそれによって、何を失うだろうか。まもなく、しいたげられた人びとを救う偉人たちが、かれらのなかから現われるにちがいない。しかも、この手合は、自分の使命をよく心得ていて、圧制の権利をおびないだろう。これは夢ものがたりでない。まなざしは、われわれの目から未来をおおう、時の厚いとばりをつきぬけている。わたしの見とおすのは、まる一世紀も先のことなのだ。(25)

寵臣の一人から不意を突かれたエカテリーナ二世がラヂーシチェフの政治的攻撃文書は何部刷られたのかを確かめさせた上で、作者に死刑判決を下したことは言うまでもない。

エカテリーナとこの書物をめぐって、注目すべき事実は、彼女がその一部を密かに入手していて、本の余白に個人的書き込みを残していたことである。その書き込みから、女帝は、ラヂーシチェフが書物の中で表明した意図とその後におこるにちがいない危険を完全に理解していたことがわかる。それはともかく、啓蒙期イデオロギーの諸相がこのように大きな広がりをもってロシアに侵入していたとは、女帝が全く予期していなかったことなのである。

急いで、結論に移りたい。ディドロが生涯にわたりロシアの女帝と持ちつづけた個人的関係を斟酌するならば、彼のロシア現実批判がラヂーシチェフのそれほど徹底できえなかったことは理解できる。とはいえ、西欧における啓蒙期の一般的なイデオロギーというプリズムを通してロシアに伝達された兵器が

「ヨーロッパで最も専制的な君主」[26]の圧制を払いのけるのに役立ったと考えることができたとするならば、エカテリーナの激怒はラヂーシチェフの要求によっても、はたまた、ディドロの要求によっても、間接的に、遠方から、触発されたにちがいないと言っても大きな誤りをおかすことにならないことだろう。

注

（1）*Corr.*, t. XIII, p.100. 「私は陛下が玉座に就かれた幸運な革命の詳報を存じあげません。」

（2）リュリエールについては、*Œuvres posthumes de Rulhière*, Paris, 1819, t. I, pp.257–388 を、またリュリエール事件におけるディドロの介入については、「一七六八年五月の、ファルコネあての書簡」（*Corr.*, t. VIII, pp.32–33, Lettre à Falconet, mai 1768）を参照されたい。

（3）ダーシュコヴァ夫人の証言については、彼女の『回顧録』*Mémoires de la Princesse Daschkoff* (Mercure de France, 1966), pp.108–110 を参照されたい。

（4）Jacques Proust, «Diderot, l'Académie de Pétersbourg et le projet d'une Encyclopédie russe», dans *DS*, t. XII, p.111.

（5）J. Castéra, *Vie de Catherine II*, Paris, 1797, t. II, pp.75–76.

（6）Diderot, *Mém.*, p.261.

（7）雑誌『思想』「特集　ディドロ没後二〇〇年　近代のディレンマ」一九八四年十月号、八十七―一〇八頁。

（8）*Russia and the West in the Eighteenth Century*. Proceedings of the Second International Conference organized by the study Group on Eighteenth-Century Russia and held at the University of East Anglia, Norwich, England, 17–

22 July, 1981. Edited by A. G. Cross (Oriental Research Partners. Newtonville, Mass. 1983).

（9）Isabel de Madariaga, «Catherine and the Philosophes», *ibid*., pp.30–52. George E. Munro, «Politics, Sexuality and Servility : the Debate between Catherine II and the Abbé Chapp d'Autoroche», *ibid*., pp.124–131.

（10）Isabel de Madariaga, *art. cit*., p.42. Cf. *O. Pol*., p.357.

（11）*Ibid*., p.45.

（12）G. Munro, *art.cit*., p.128.

（13）*Ibid*., p.129.

（14）*Mém*., p.126.

（15）Joseph Suchy, «Rousseau et Radichtchev», *Etudes rousseauistes et index des Œuvres de J. -J.Rousseau. Rousseau et Voltaire en 1978*. Actes du Colloque international de Nice (juin 1978), Slatkinen, 1981, pp.280–292.

（16）A・H・ラヂーシチェフ著、渋谷一郎訳『ペテルブルグからモスクワへの旅』（東洋経済新報社、昭和三十三年）。

（17）Radiščev, *Viaggio da Pietroburgo a Mosca, con un saggio introduttivo di Franco Venturi*. Traduzione di Costantino Di Paola e Sergio Leone (De Donato editore, 1972).

（18）F. A. Brokhaus, I. A. Efron, *Entsiklopedicheskij slovar'*. St. Petersburg, 1899, t. XXVI, pp,80–81. ロシア語の原文を訳して下さった同僚の井桁貞義氏に深謝する。

（19）Aleksandr Nikolaevich Radishchev, *A Journey from St. Petersburg to Moscow*. Translation by Leo Winner. Edited with an Introduction and Notes by Roderick Page Thaler, Harvard University Press, 1958.

（20）*Ibid*., p.6.

（21）*Ibid*., p.194.

（22）*Corr.*, t. XIII, pp.170–171.

［質問］ディドロ——農耕者の農奴化は耕作に影響をおよぼさないものでしょうか。農民に所有権がないことは悪い結果をもたらさないでしょうか。

［回答］エカテリーナ二世——ロシアほど農耕者が土地と家族とを愛している国があるかどうか私は知りません〔……〕。

（23）*Ibid.*, p.144.

（24）*Ibid.*, p.147.

（25）*Ibid.*, p.209.

（26）*Corr.*, t. XIII. p.226 (Lettre à M. M***, à Paris, 9 avril 1774).

「私はこの条項にかんする法律をヨーロッパで最も専制的な君主にさずけてきました」（一七七四年四月九日付、パリのM某氏あての書簡）。

（補注）その後、仏訳も刊行された。ALEXANDRE RADICHTCHEV, *Voyage de Pétersbourg à Moscou*. Préface de Franco Venturi. Traduit du russe par Madeleine et Wladimir Berelowitch (Editions Gérard Lebovici, 1988).

〔付記　1〕発表後の討論（一九八四年十一月二十三日、京大会館）で、ラヂーシチェフのフランス語訳については、注（15）で言及したジョセフ・スュシイ氏が目下手掛けている、とプルースト氏（ポール・ヴァレリー大学）からご教示をうけ、私がプガーチョフの乱（一七七三—一七七五）について、発表の中でふれなかった点をルネ・ポモー氏（パリ第四大）からご指摘をうけた。なお、これに関しては、本書の第3章九十六—九十七頁で私は言及している。

〔付記　2〕前に言及したエレーヌ・カレール＝ダンコース著・志賀亮一訳『エカテリーナ二世――十八世紀、近代ロシアの大成者（上・下）』（藤原書店、二〇〇四年）の下巻にはエカテリーナ女帝とアレクサンドル・ラヂーシチェフについては「ロシア『百科全書』・ラディシチェフ」と題した長い章がさかれている。

優秀な若者を外国の大学で学ばせるという女帝の企画で、十八歳のラヂーシチェフはライプツィヒに留学する機会に恵まれ、彼は若き日の女帝も親しんだ啓蒙思想を吸収し、ロシアに帰国した。

帰国後、まずラヂーシチェフは高級官僚として政府の要職に就くが、プガーチョフの反乱とフランス革命の煽りをうけ、渾沌状態にあったロシアの政治状況に直面せざるをえなかった。

ラヂーシチェフの目にとりわけ痛々しく映じたのは、一時は農奴制の廃止を思いつきながらも、復活させざるをえなかった女帝の圧政に苦しむロシア農民の姿だった。ラヂーシチェフが書いた『ペテルブルグからモスクワへの旅』はそのようなロシアの現実を活写し、女帝の悪政を弾劾した書であった。

フランス革命のロシアへの波及を嫌う女帝はアレクサンドル・ラヂーシチェフについて、「プガーチョフよりもひどい悪人」と評し、彼を最初は死刑としたが、その後減刑にしシベリアへの流刑にしたという（二〇〇七年一月記）。

5　ルソーと啓蒙思想

はじめに

「あなたがたは社会の現在の秩序に信頼して、それがさけがたい革命におびやかされていることを考えない。そしてあなたがたの子どもが直面することになるかもしれない革命を予見することも、防止することも不可能であることを考えない。高貴の人は卑小な者になり、富める者は貧しい者になり、君主は臣下になる。そういう運命の打撃はまれにしか起こらないから、あなたがたはそういうことはまぬがれられると考えているのだろうか。わたしたちは危機の状態と革命の時代に近づきつつある。」（今野一雄訳『エミール』岩波文庫）

フランス革命の勃発（一七八九年）よりも約二十数年前に書かれたこの一節は、ルソーが来たるべき「革命」を予言した箇所として、従来よく引き合いに出されてきた。けれども、これは、著者の意図が必ずしも十全に理解されてこなかった文言のひとつであったといってもよいであろう。

というのも、ルソーがここで「革命」というのは、一七八九年に起こる歴史上の大変革を指すのではなく、ルソーが『不平等起原論』（一七五五年）の末尾で展開する、専制主義がはびこる社会変革（ルソーの用語では、《新しい自然状態》）に言及している、と現在では考えられているからである。

このように、十八世紀フランスにおいて、独自の思想を実にさまざまな分野で表明したルソーは、同時代から現代にいたるまで、善意の人たちや悪意の人たちの誤解と無理解に悩みつづけた文学者のひとりであった。きわめてオリジナルな思想というものは、しばしば同時代人の一般意識をはるかに凌駕しており、それが本当に理解されるには数世紀を待たねばならないということもありうるのであるが、ジャン＝ジャック・ルソーの思想の中には、そのような独自で大胆な思想がいくつも含まれていたといっても過言ではないだろう。

——我が国でも、ルソーといえば「自然にかえれ」の思想家であると高校の教科書等で教えられてきているが、彼は、このような文言を著作のどこにも表現したことはなかったし、彼の思想がこのような単純なものではなかったことは明らかである。詳しくは、小林善彦「ルソーと『自然にかえれ』について」を参照されたい(補注)。

啓蒙思想家としてのルソーの役割

「啓蒙とはなにか」という問いに、カントは同名の論考において、啓蒙とは、人間が自己の未成年状態から脱却することであると定義したことはよく知られている。

先ほど、ルソーはさまざまな分野で独自の思想を表現したといったが、彼が同時代の人たちに伝達しようとした啓蒙的メッセージは、次の平易かつ判明な文言につきていたといってよい。

「万物をつくる者の手をはなれるときすべてはよいものであるが、人間の手にうつるとすべてが悪くなる」（『エミール』の冒頭の句）。

周知のように、独自の教育論を展開した『エミール』（一七六二年）においては、この根本理念を具体的に説明するかのように、精神がまだ十分に発達する以前のエミールには、教師からの積極的働きかけをいましめ、「事物による教育」を中心に、いわゆる「消極的教育」をルソーは提唱したのである。

『不平等起原論』（一七五五年）では、同じ理念が、「自然状態」と「社会状態」という明快な用語に置きかえられて、前者から後者への移行が人間を不幸にしたとする鋭い指摘が展開されていた。

イギリスの文豪サミュエル・リチャードソンからの強い影響をうけて書かれたルソーの唯一の小説『新エロイーズ』（一七六一年）においては、社会悪のはびこる人為の都会パリを逃れ、自然にかこまれたクラランン（スイス）の理想的共同体での生活が美しく描かれていた。

このように、文学上のジャンルを異にする作品においても、ルソーが追求し、読者に伝えようとしたことは、ごく単純化すると、『エミール』の冒頭の一句に表明された彼の根本理念のヴァリエーションにすぎなかったといえるだろう。

だが、ここで急いで付け加えておかなければならないのは、ルソーは、「自然状態」に戻ることを理想としていたのではないということである。ルソーは、「社会状態」に移行した人間が二度とふたたび、彼のいう黄金の世紀の「自然状態」に戻ることが不可能であることをよく知っているばかりか、それができないからこそ、いかにして人間がこれ以上、最悪の状態に陥るのを食いとめうるか——そうするには、どのような道が残されているか——を、読者に訴えようとしたのだった。

『エミール』における「消極的教育」の提言や、あとにふれる『社会契約論』(一七六二年)における「一般意志」の提言も、こうした文脈に位置づけてみてはじめて、ルソーの真意をよりよく理解できることであろう。

アンシクロペディストとの対立

現代の読者は、ルソー思想の一貫性をよく把握できる立場にあるが、十八世紀においては、彼の間近にいた人たち、とりわけ、ルソーが乞われて『百科全書』に音楽関係の項目や、唯一の政治項目《政治経済》をともに執筆したアンシクロペディスト(百科全書派)たちも、ルソーの思想を彼が望んだような意味で理解していたとはいいがたかった。

ここでは紙幅の関係で、『社会契約論』(一七六二年)だけにしぼってルソーとアンシクロペディストとの対立を考えてみよう。

信頼できる研究書によれば、ルソーの『社会契約論』の主導的構想は、一七五三—五四年に固まりかけていたと考えられる。彼が『百科全書』の第五巻(一七五五年)に項目《政治経済》を寄稿したわけだから、この頃、親友にして編集責任者だったディドロは、当然のことながら、ルソーの項目の中身を読んでいたと考えてよいだろう。

ルソーはその中で、のちに『社会契約論』においてさらに整理されて、いっそう厳密に定義される「一般意志」の重要性を次のように述べていた。

「〔……〕政治体はまた一つの意志を有する精神的存在(エートル・モラル)である。そして、常に全体と各部分との保全と安寧とを心がけ、法の源泉である一般意志は、国家のすべての成員にとっては成員と国家との関係において、正と不正の法則なのである。」（項目《政治経済》より。プレイアド版二四五頁）

ところが、この当時のディドロやシュヴァリエ・ド・ジョクールらは、モンテスキューの『法の精神』（一七四八年）から引きだした制限君主制理論になおこだわっており、彼らの主たる関心は君主の権限を「〔王国〕基本法」によっていかに制約させるかという問題にそそがれていた。

たとえば、ディドロは『百科全書』の第一巻（一七五一年）に寄せた項目《政治的権威》において、「〔王国〕基本法」の具体的内容にはふれてはいないが、そこには次のような表現が含まれていた。

「（……）君主が従属するのは国家ではなく、国家が君主に従属しているのだ。けれども国家内で統治するのは君主の権限に属している。というのも国家はそのために君主を選んだのであり、君主は国民に対し公の問題の管理を約束したのであり、国民の方では、法に従って君主に服従することを約束したからなのだ。」（傍点は引用者）

『社会契約論』の主導的構想は、一七五三―一七五四年に固まり、先に引用した項目《政治経済》（一七五五年）を経て、一七五六年にルソーは主著の全体的構想を得るに至るのだが、この頃には、国家主権の理念をめぐって彼とアンシクロペディストとの間の対立は深まっていくばかりだった。すなわち、ルソーは、一般意志そのものを具現する国民こそが主権者であるとする、人民主権論へ傾斜していくのに反し、大半のアンシクロペディストたちは、制限君主制における君主と国民との関係を規定する協約「〔王国〕基本法」にいまだにこだわっていたからなのである。

よく知られたことであるが、ルソーとアンシクロペディストの決定的な訣別は、ダランベールが『百科全書』の第七巻（一七五七年刊）に寄せた項目《ジュネーヴ》に対し、この町出身のルソーが『演劇にかんするダランベール氏への手紙』（一七五八年）を書いたことが契機となっている。

けれども、ルソーがこの書の序文で明言した親友ディドロへの訣別の言葉のもつ重みも軽視できないとはいえ、無名のルソーがディジョン・アカデミーの懸賞論文に当選し、『学問芸術論』（一七五〇年）の刊行につづき、『不平等起原論』（一七五五年）を出版し、彼が営々と深めつつあった独自のラディカルな思想的立場と、それをルソーが欲した意味で理解しようとしなかったアンシクロペディストの立場との齟齬を重視することの方が、両者の対立をいっそう深いところで把えられるのではないだろうか。

このように考えると、ルソーの思想は、同時代においても、彼がある時期まで全幅の信頼を寄せていた人たちからも、必ずしも理解されていなかったといえるわけである。事実、彼がアンシクロペディストたちから訣別し、彼らの羈絆から自由になった時、はじめて本当の独りだちを達成したといわれ、その契機となった『演劇にかんするダランベール氏への手紙』（一七五八年）につづき、『新エロイーズ』（六一年）、『社会契約論』（六二年）、『エミール』（六二年）、のような大作を次々と発表していったのである。

ルソーとフランス革命

すでに指摘してきたように、ルソーは、独自でラディカルな思想家だった。小論の冒頭で掲げた『エミール』からの引用文はともかくとして、この同じ教育論の中で展開される有名な「サヴォワ助任司祭の信仰告白」は、神の存在以上に人間内部の「良心の声」をあまりに重視したために、カトリック教会側からの糾弾を浴びたし、『社会契約論』における人民主権の発想は、アンシャン・レジームの当局が到底黙視することのできない危険思想であったがゆえに、身に危険が迫ったのを感じたルソーは、スイス、イギリスを逃げ回らなければならなかった。ということは、ルソーの啓蒙的メッセージが、国内の政情不安や経済破綻に不満をかこつ人心への起爆剤になることを、当局側が怖れていたことを物語るものだろう。

ところが、フランスでは、永らく旧ソルボンヌ大学の十八世紀講座を担当したダニエル・モルネ教授が、名著『フランス革命の知的起源』（一九三三年）において、フランス革命へのルソーの政治論文の影響をきっぱりと否定して、次のように断言していたのである。

「一七七〇年と一七八七年の間に、ジャン゠ジャック〔・ルソー〕の『社会契約論』および政治論の著作〔……〕は、世論において現実的重要性を帯びたとは考えられない。」（原書二二九頁、邦訳、上巻三三二―三三三頁参照）

十八世紀研究の大御所が述べたこの指摘は、その後約半世紀にわたって権威をもちつづけたことになるが、一九七〇年代から、モルネの指摘を修正しようとする論文が発表されはじめる。

まず、研究誌『十八世紀』の第三号（一九七一年）でアメリカ人のW・キャッツが論文「フランス革命以前のルソーイスム」において、一七八〇年の新世代にルソーの愛読者が多数いて、彼の作品がよく読まれていたことを実証的に証明してみせた。具体的には、ルソーの親友であったディドロは、友人の死を待っていたかのように、『セネカ論』（一七七八年）を刊行し、その中でルソーをはげしく非難したが、彼のルソー批判は不当であるとの声が期せずしてあがったことが指摘された。

続いて、一九七四年に出た同じ雑誌の第六号で、R・バルニは、「フランス革命におけるジャン゠ジャック・ルソー」において、モルネの先駆的業績に敬意を表しながらも、かつての大家の見解について次の二点において大幅な修正を求めた。

一、モルネの本は、フランス革命期の人たちがルソーの政治作品を知っていたかどうかという問いに、まったく否定的な回答をした点。

二、モルネが歴史的諸要因を斟酌せずに、思想の役割だけを取り扱った点。

第二の点を具体点に説明して、バルニは、ルソー作品からの引用や言及という証拠がなければルソーは読まれなかった、とする検索の方法そのものに疑問を投げかけているのはけだし至言であって、ルソーの場合、政治論だけでなく、全作品（小説や自伝を含む）をひとつの全体とみなすだけでなく、ルソーという人物も『社会契約論』と同じくらい重視しなければならないという指摘もきわめて説得的である。このように、全体的に見ていくと、一七六四―一七八九年の間に数多くの革命家がルソーの影響をうけていたことが判明し、これらの中にはロラン夫人、ブリソ、ミラボー、チュルゴ、コンドルセが数えられるという。

さらにバルニの研究で興味深いのは、貴族側からのルソー利用も同時に行われたという指摘であるが、これはルソーと啓蒙思想という一般論からは大きくはみ出す指摘なので、ここでは深入りすることを控えたい。

以上の最近のルソー研究のおかげで、モルネの研究をめぐって、ルソーと革命に先行する時代（とりわけ、一七八〇年の世代）との関係が洗い直されたわけだが、だからといってルソー作品をフランス革命の導火線ないしは原因のひとつに直接結びつけるような研究者に対して、モルネの本は依然として冷却器の役割を果たしてくれるかもしれない。

むすび

十八世紀の指導的思想家と称されたヴォルテールにしても、『百科全書』を完成させたディドロにしても、彼らは革命家であったことはなく、一貫して改革者だった。ルソーにしてもそうだった。とはいえ、ルソーの思想には同時代の問題意識を大幅に超越した先見性が含まれていたがゆえに、これを理解できなかった同時代人から狂人扱いされることも起こったわけだ。

従来、フランス革命の原因としては、ルイ十五世の時代からの慢性的経済破綻や、歴代の国王の失政による世情不安等々が挙げられてきたが、これらのどれかひとつだけがフランス革命を誘発したなどとは誰も思うまい。ルソー思想もフランス革命の起爆剤のひとつとして前向きの役割を果したことではあろうが、これとて、ルソーに心酔したロベスピエールの革命思想のすべてを、ルソーが独占したなどと考える人はいないであろう。

その意味で、偉大な思想の巡る複雑な運命について、ルソーほど我々に今もって深い反省をしいる思想家は、数多くいるとは思えないのである。

（補注）東京大学教養学部外国語科紀要、第三十三巻第二号（一九八六年三月）。なお、小池健男著『藤村とルソー』（双文社、二〇〇六年）によれば、日本人にとって語呂のよい「自然にかえれ」という表現は、平田篤胤や本居宣長の唱えた「自然《おのずから》に帰れ」に通じ合う響きをもっているからであるという。著者も慎重に注意されているように、これら二つの「自然にかえれ」は同じコンテクストで用いられたわけでは決してないとはいうものの、日本人の耳に快い表現になっているわれわれの言語感覚を知る上で有益な指摘であると思われる。

〔参考文献〕

Daniel Mornet, *Les Origines Intellectuelles de la Révolution Française*（A. Colin, 1933, 1954).
坂田太郎・山田九朗監訳『フランス革命の知的起源』上・下（勁草書房、一九六九年）。
Wallace Katz, «Le Rousseauisme avant la Révolution», dans *Dix-Huitième Siècle* (1971).
Roger Barny, «Rousseau dans la Révolution», dans *Dix-Huitième Siècle* (1974).
G・ルフェーブル著、高橋幸八郎・柴田三千雄・遅塚忠躬訳『一七八九年——フランス革命序論』（岩波書店、一九七五年）。

6　ルソーにおける人間観と教育観

――ディドロと比較して

I　ルソーにおける啓蒙理念

ルソーは実に様々な分野で独自の思想を表現した啓蒙思想家だったが、彼が同時代の人たちに伝達しようとした啓蒙的メッセージは次の平易かつ判明な文言につきていたといってよいだろう。

「万物をつくる者の手をはなれるときすべてはよいものであるが、人間の手にうつるとすべてが悪くなる」(『エミール』の冒頭の句)[1]。

周知のように、独自の教育論を展開した『エミール』(一七六二年)においては、この根本理念を具体的に説明するかのように、精神がまだ十分に発達する以前の生徒エミールには、教師からの積極的働き掛けをいましめ、「事物による教育」を中心に、いわゆる「消極的教育」をルソーは提唱したのである。

「人生のもっとも危険な期間は生まれたときから十二歳までの時期だ。それは誤謬と不徳が芽ばえる時期で、しかもそれを絶滅させる手段をもたない時期だ。そして、その手段が手にはいったときには、悪はすでに深い根を張って、もはやそれを抜きさることができない。子どもが乳飲み子からいっぺんに理性の時期に到達するものなら、人々があたえている教育もかれらにふさわしいものとなるかもしれない。しかし、自然の歩みによって、かれらにはまったく逆の教育が必要なのだ。魂がその全能力を獲得するにいたるまでは、子どもはその魂によってなにかしないようにすることが必要なのだろう。子どもの魂があなたがたのさしだす光りをみとめることは不可能なのだ。それはまだ盲目なのであって、どんないい目をもっている者にもまだ理性がぼんやりとしか示さない道を、ひろい観念の野を通って、たどっているのだ。

初期の教育はだから純粋に消極的でなければならない。それは美徳や心理を教えることではなく、心を不徳から、精神を誤謬からまもってやることにある。あなたがたがなに一つしないで、なに一つさせないでいられるなら、あなたがたの生徒を、右手と左手を区別することも知らせずに、健康で頑丈な体にして、十二歳まで導いていけるなら、あなたがたの授業の第一歩からかれの悟性の目はひらけて理性の光りを見るだろう。なんの偏見ももたず、なんらの習性ももたないかれは、あなたがたの授業の効果をさまたげるようなものをなに一つもたないだろう。やがてかれはあなたがたに導かれて、人間のなかでこのうえなく賢明な者となるだろう。こうして、はじめにはなにもしないことによって、あなたがたはすばらしい教育をほどこしたことになるだろう(2)」。

『不平等起原論』(一七五五年)では、同じ理念が「自然状態」と「社会状態」という明快な用語に置き換えられて、前者から後者への移行が人間を不幸にしたとする鋭い指摘が展開されていた。

十八世紀英国の文豪サミュエル・リチャードソンからの強い影響をうけて書かれたルソーの唯一の小説『新エロイーズ』(一七六一年)においては、社会悪のはびこる人為の都会パリを逃れ、自然にかこまれたクララン(スイス)の理想的共同体での生活が美しく描かれていた。

このように、文学上のジャンルを異にする作品においても、ルソーが追求し、読者に伝えようとしたことは、ごく単純化していうと『エミール』の冒頭の一句に表明された彼の根本理念のヴァリエイションにすぎないといえるだろう。

だが、ここで急いで付け加えておかねばならないのは、ルソーは「自然状態」に戻ることを理想としていたのではないということである。ルソーは「社会状態」に移行した人間が二度とふたたび、彼のいう「黄金の時代」l'âge d'or の「自然状態」に戻ることが不可能であることをよく知っているばかりか、それができないからこそ、いかにして人間がこれ以上、最悪の状態に陥るのを食い止めうるか——そうするには、どのような道が残されているのか——を読者に訴えようとしたのだった。『エミール』における「消極的教育」の提言もこうした文脈に位置づけてみてはじめて、この思想家の真意をよりよく理解できることであろう。

Ⅱ　ルソーの教育論における仮説的思考

教育論『エミール』に見られるルソー独自の方法は、彼の他の著作にも適用される方法といくつかの共通点がある。まず『エミール』で用いられた方法論をつぶさに検討していきたい。

この教育論では、エミールという架空の生徒もそうであるが、彼の年齢に相応する事物を教えながらこの生徒の教育を請け負う、架空の家庭教師をルソーは想定した。

十八世紀においては、新生児は生まれるとすぐに乳母に預けられ、様々な社会的強制のもとで育てられるのが普通だった。ルソーはこの古くからある「慣行」に非を唱え、新生児を育てるため、新しい方法を推奨した。

「そこでわたしは、一人の架空の生徒を自分にあたえ、その教育にたずさわるにふさわしい年齢、健康状態、知識、そしてあらゆる才能を自分がもっているものと仮定し、その生徒を、生まれたときから、一人まえの人間になって自分自身のほかに指導する者を必要としなくなるまで導いていくことにした。この方法は自分の力をあやぶんでいる著者が幻想に迷いこむのをふせぐのに有効だと思われる。ふつうの方法から離れることになったら、生徒に自分の方法をためしてみればいいことになるので、子どもの進歩と人間の心の自然の歩みに従っているかどうか、かれにはすぐにわかってくる、あるいは、かれのかわりに読者にわかってくることになるからだ。

これが、困難にであうたびにわたしが実行しようとつとめたことだ。(3)」

このような教育方針に基づいて、教師は生徒のエミールを育てていく。生徒の年齢を斟酌しながら、その精神がまだ十分に発達していない段階ではけっして言葉に頼ることなく、「事物教育」だけに徹底する。というのも生徒は大人が知っていなければならないことすべてを知る必要はないとルソーが考えているからである。

「わたしたちのほんとうの教師は経験と感情なのであり、けっして人間は人間にふさわしいことをかれがおかれている関連の外で十分によく感じることはないからだ。子どもは自分が人間になるように生まれついていることを知っているし、人間の状態についてかれがもつことのできるあらゆる観念はかれの知識をひろめる機会となる。しかし、人間の状態についての、かれの能力をこえた観念にたいしては完全に無知でいなければならない。わたしの書物ぜんたいはこの教育原理をたえず証明しているにすぎない。(4)」

ここでも、ルソーは彼の根本原理、すなわち、子供はまだ理解できないことを知る必要はないことを強調するのだ。

　生徒は成長するにつれて、言葉を読む能力を身に付けねばならない。早晩、彼は書物に興味をもつようになるであろう。最初に選ぶべき書物について、ルソーは生徒につぎのような忠告をあたえている。

「わたしたちはどうしても書物が必要だというなら、わたしの考えでは、自然教育のもっともよくできた概説を提供する一巻の書物が存在するのだ。この本はわたしのエミールが読むはじめての本になるだろう。この一巻だけが長い期間にわたってかれの書棚におかれる書物になるだろうし、それはまたそこにいつまでも特別の地位を占める本になるだろう。それは自然科学にかんするわたしたちの話はすべてその注解となるにすぎないようなテキストになるだろう。それは、わたしたちが成長していくあいだ、わたしたちの判断の程度をためすものとなるだろう。そして、わたしたちの趣味がそこなわれないかぎり、それを読むことはいつもわたしたちを楽しませるだろう。いったい、そのすばらしい本とはどんな本なのか。アリストテレスか、プリニウスか、ビュフォンか。いや、ロビンソン・クルーソーだ。(5)」

　小説の主人公、ロビンソン・クルーソーが身を置いた孤島はエミールが生きた社会状態と同じではないが、ルソーがその読書を推奨したのは次の理由からである。

「そういう状態は、たしかに、社会的な人間の状態ではない。おそらくエミールの状態となるものでもあるまい。しかし、そういう状態によってこそ、ほかのあらゆる状態を評価しなければならない。偏見にうちかち、事物のほんとうの関連にもとづいて判断を整理するもっとも確実な方法は、孤立した人間の地位に自分をおいて考えてみること、そして、なにごとにおいても、そういう人間が自己の利害を考えて自分で判断をくだすように判断することだ。(6)」

ルソーが指摘するように、この本のメリットのひとつは、ロビンソン・クルーソーの場合がそうであったように、危険な状況に直面した際には自らを救う手段を見つけることに存することだろう。

この本と共に、ルソーが読書を勧める別の書物は、フェヌロンの『テレマックの冒険』であり、それにはわけがあるのだ。こちらの本は教育論『エミール』の瓜ふたつとして役立ったのではないかと考えられる。というのもそこにはまさしくテレマックとその助言者が見出されるのだから。

かくしてエミールが神や摂理の存在を自問するほどの年齢に達した頃になると、教師は「サヴォワ助任司祭の信仰告白」という形式のもとに自分自身の経験を長々とエミールに話して聞かせるのだ。

これに関しては、宗教のような、きわめて微妙な問題には教師の信仰告白を注意深く聞いた上でエミール自身でよく考えるのが有益だとルソーは思っている。

とはいえ、ここはルソーにおける宗教問題に立ち入る場ではないので、それに深入りしないことにしよう。

その上、教師は成人となったエミールに理想の相手を見つけようとしてまたもや嘴を挟むのだ。エミールが結婚適齢期に到達するまで、教師がよかれと考えた教育原理に従い、彼は育てられてきたからだ。

最後に、これまで生徒が成長してきた狭い世界しか知らないという弊害を避けるために、教師は彼に外国旅行を強く勧める。というのも旅行のおかげで彼は視界をひろげ、世の移り変わりを巨視的に判断することができるようになるからである。

エミールにとって旅行の件がもちあがると、教師は、パリは経由するだけでよいと生徒に厳命する。なぜならこの大都会はあらゆる悪の温床であるのだから（ルソーにとってパリの社交界は永久にスイスのクラランのような理想的共同体の正反対の場所となるだろう)。

教師がそれにかんしてどのように考えているかは以下のとおりである。

「それほど動きがなく、商業も盛んでないところ、あまり外国人が来ないところ、住民の移動が少なく、財産や身分の変動が少ないところ、そういう辺鄙な地方にこそ、その国民の精神と習俗を研究しに行かねばならない。首都は通りすがりに見物するがよい。そして、遠くへ行ってその国を観察するがいい。フランス人はパリにはいない、トゥレーヌにいる。ロンドンにいる人よりもマーシアにいる人のほうがいっそうイギリス人らしいイギリス人だし、マドリードにいる人よりもガリシアにいる人のほうがいっそうスペイン人らしいスペイン人だ。そういう遠いところでこそ国民は特徴をもち、まじりけのない姿を見せる。そういうところでこそ統治のよい結果、悪い結果がいっそうはっきりとあらわれる。半径を大きくすれば孤の割合がいっそう正確にわかるのと同じだ。(7)」

ここに至って、ルソーが一貫した教育論を打ち立てようと試みたのもすべて条件つきの仮説に基づいていたことが理解されよう。

Ⅲ　ルソーの方法論——ディドロと比較して

歴史的考察を試みようとする『不平等起原論』の冒頭において、ルソーは一切の歴史的事実を無視することをはじめに断りながら、この論文で展開される方法を次のように述べている。

「それゆえ、まずすべての事実を無視してかかろう。なぜなら事実は問題に少しも関係がないのだから。

われわれがこの主題について追求できる研究は歴史的な真理ではなく、ただ憶説的で条件的な推論だと見なさねばならない。(8)」

ここに読み取れるルソーの天才的な閃きというべきものは、歴史的進化の跡を実際に起った諸事実に求めるのではなく、「社会状態」état de société が出現したからには、それの前に「自然状態」état de nature が先行しただろう、という推論を想定したことに尽きるといっても過言ではない。

また、この「自然状態」を想定した後で、ほぼ同様の発想で、ルソーはいわゆる文明人の出現の前に多分に美化された未開人を想定するのであるが、この点についても、ルソーは次のように述べている。

「打ち明けていえば、私の描写しなければならない出来事の起り方はいくつかありえたのだから、その選択をきめるにはただの憶測によるほかない。しかし、こうした憶測は、それが事物の自然から引き出されうもっとも確からしい憶測であり、真理を発見するために用いることのできる唯一の手段であるとき、それは〔確かな〕道理に変えるばかりでなく、私が自分の憶測から演繹しようとしている帰結は、だからといってけっして憶測的なものとはならないだろう。(9)」

この未開人については、ルソーもフランシスコ・コレアル（一六四八―一七〇八）らの旅行記を読み、その叙述に利用していたことが知られている。

周知のように、ヴォルテールはこれについて辛辣な批判を浴びせたが、ルソーはカリブ人に関する旅行記に依拠しながら、未開人を理想化して描写した。

「森の中をさまよい、器用さもなく、言語もなく、住居もなく、戦争も同盟もなく、少しも同胞を必要ともしないばかりでなく彼らを害しようとも少しも望まず、おそらくは彼らのだれをも個人的に見覚えることさえけっしてなく、未開人はごくわずかな情念にしか支配されず、自分ひとりで用がたせたので、この状態に固有の感情と知識しかもっていなかった。彼は自分の真の欲望だけを感じ、見て利益があると思うものしか眺めなかった。そして彼の知性はその虚栄心と同じように進歩しなかった。偶然なにかの発見をしたとしても、彼は自分の子供さえ覚えていなかったぐらいだから、その発見をひとに伝えることは、なおさらできなかった。技術は発明者とともに滅びるのがつねであった。教育も進歩もなかった。世代はいたずらに重なっていった。そして各々の世代は常に同じ点から出発するので、幾世紀もが初期のまったく粗野な状態のうちに経過した。種はすでに老いているのに、人間はいつまでも子供のままであった。[10]」

とはいえ、名著『アメリカとエキゾティックな夢』(一九三四年)において、ジルベール・シナールが指摘したように、「自然における自由で、誇り高い」未開人は、「ルソーの想像力の産物ではなかった[11]」。また、ルソーが『不平等起原論』の中で私有の起原を説明する際に巧みに使っている《お前のもの、わたしのもの》というくだりについても、人間は文明化されるにつれて堕落するとルソーが主張したのは、彼以前に宣教師たちが、文明の危険を確信していたからである、とシナールはいう[12]。さらに、シナールは続けていう。

「ジャン＝ジャック〔・ルソー〕の成功は、まさに彼の発想の独自性不足に由来する。彼は彼の時代の傾向を助長し、かくも多くの旅行者たちが二世紀前から感じてはいたが、必ずしもうまく言えなかったことを熱烈で、表面的には論理的なかたちで読者にはじめて要約し、提示したのである[13]。」

となると、ルソーには、昔から知られていた神話や当時、人口に膾炙していた旅行記等をぼかして利用するばかりでなく、社会の起原や人間の進化の解明にそれらを抽象化して用いる傾向があったことを指摘できよう。なお、アメリカの文明史家ピーター・ゲイの指摘するところによれば、ルソーのこうした方法を、たとえば、ファーガソンが「ルソーのやりかたは科学的でない。社会の研究者は、論点を「正確な観察」にとどめるべきである。人間の本性の発見は、文化のつくりだしたものをはぎとって、裸の原始人によってなされない」と批判したとのことである。(14)

このような傾向をディドロの思考方法と比較すると、両者の間には著しい相違があることに何人も気付くはずである。

ルソーとディドロに詳しいジャン・ファーブルがいみじくも指摘したように、ディドロは不平等やその起原といった問題には、生来的に全く興味がなかった。彼にとっては、自然も社会も大きな生成中の対象であるかぎり、関心があるだけだった、(15)といえるだろう。

ルソーが『不平等起原論』を準備中だった頃に、ディドロが執筆した書物に『自然の解釈に関する思索』があるが、この哲学著作においてディドロの関心は、もっぱら自然における諸現象の変転に注がれていたように思われる。

「もし諸現象が相互に結ばれていなかったら、哲学はない。よしんば諸現象がすべて結合されていたとしても、現象の各々の状態は恒常性を欠いていることもありうるかもしれない。もしも種々の存在の状態が絶えざる変転の中にあり、いろいろな現象を結び合わせる鎖にもかかわらず自然がまだ作業中であるとしたら、哲学はもはやありえない。われわれの自然科学全体は言葉同様、過渡的なものとなる。われわれが自然の歴史〔博物学〕と解しているものは、一瞬間のきわめて不完全な歴史にすぎない。それゆえ私は問う。金属はそれが現在あるがままのものであったし、永遠にそうであるだろうか、植物はそれが現在あるがままのものであったし、永遠にそうであるだろうか、動物は現在それがあるがままのものであったし、永遠にそうであるだろうか、等々と。(16)」

かくして、自然のとらえ方に関してもルソーとディドロの間には計りしれないほどの認識の相違が見出されたのである。ディドロがあくまで大きな生成のうちにとらえた時にのみ自然は哲学の対象になりうると見なしたのに対して、ルソーはやがて自然を現実の対象ではなく、神の摂理の顕現に限りなく近付けていく。

本稿では立ち入った言及を避けたが、この点に関しては、『エミール』(一七六二年)の有名な「サヴォワ助任司祭の信仰告白」においてルソーが詳説しているとおりである。(17)

Ⅳ 『エミール』におけるルソーの人間観と『ラモーの甥』等におけるディドロの人間観

ルソーとディドロにおける思考パターンの大きな相違を考える上では両者に見られる「人間」のとらえかたを比較してみるに如くはないだろう。

『不平等起原論』において歴史的考察を行う際にもルソーは大胆な仮説を手掛りにして、推論を重ねていく方法を採用していたのはこれまで見てきたとおりである。また、未開人についても、いわば想像上の「人間」をつくりあげ、その美質等を礼賛していたことをいま一度想起しておこう。

ルソーに見られる「人間」の特徴的なとらえかたは、一七六二年に刊行される教育論『エミール』にその例を考察してきたとおりだ。彼は社会の枠外に生きる少年エミールを想定したばかりでなく、その教師にも架空の人物を創造した。

さらには、そこでは、生徒は、ルソーの考える理想的な、従って、きわめて人為的な「自然」の中で教師から結婚適齢期までマン・ツー・マンの教育をうけるという形が取られていた。

このようなルソーの方法をディドロにおける「人間」のとらえかたと比べてみると、両者の間には著しい違いがあることに誰しもが気付くはずである。

ディドロにあっては、もっとも興味のあるのは、「生きた人間」だったといえよう。この点は、彼が執筆した『百科全書』の項目「百科全書」に早くも高らかに述べられていた。

「存在物の実存していることを興味あるものにしているのは、人間の現存していることなのだ。存在物の歴史において、こうした考察に従う以上にどんな善いことを提案しうるだろうか。人間が現に宇宙の中に位置している通りに、われわれは人間を我々の著作の中に導入してはいけないわけがあろうか。[18]」

さらに、ルソーの『エミール』が完成を見た一七六二年前後に、ディドロも名作『ラモーの甥』を執筆中だった、と考えられているが、この作品では、大音楽家ラモーの実在の甥とおぼしき人物を登場させているのである。しかも彼にきわめて特徴的なことは、この傑作ばかりでなく、その他の作品においても、いわゆる叙述を極端に抑えるかわりに、登場人物間で交される対話を重視する方法がとられていることである。このように、ディドロにとっては、眼前で動いている人間の発言や動作に一層の関心があり、小説的描写は生きる人間の動きを止めてしまうとまで考えられていたかのようだ。

長らくディドロ研究の第一人者だったヘルベルト・ディークマンはディドロの特徴を的確に指摘した。

「誇張したり、でっちあげたいという我々の生来的な傾向は人目をひき、生彩のあるイメージへの関心により呼びさまされ、そそられること、込み入った細部を見落としがちなことから我々は真実や事実から遠ざかってしまう、とディドロは感じていたようだ。あきらかにディドロは描写が生に対してつくりだす距離感の故に描写を怖れている。つまり、描写は対象を動きのないものにし、生の動きを止めてしまうからなのだ。[19]」

ディドロが晩年に執筆した作品『ブーガンヴィル航海記補遺』（一七七二年）をルソーの『不平等起原論』（一七五五年）に対する批判として読解しようとする研究者が跡を絶たない。古くはジルベール・シナール、ヘルベルト・ディークマンに続き、ジャック・プルースト[20]もほぼ同じ見解にたっているが、最近ではピーター・ゲイも次のように述べている。

「ディドロの『ブーガンヴィル航海記補遺』を彼のルソー批判に照らして読むのは愉快である。それと言うのもディドロは理想化されたタヒチの一部族を提示しているのであって、その年長者たちは理神論の生まれながらの哲学者であり、またその部族の人たちは生を肯定し、セックスを楽しみ、そして常に真理を語っているからだ。[21]」

タヒチを実際に訪れることのなかったディドロがその地の風俗やそこに住む男女をユートピックに描いたとしてもやむをえなかったことかもしれない。「生きた人間」に興味をひかれていたディドロの書いた、この作品では、それゆえブーガンヴィルに同行したとされる従軍司祭のとらえかたに注目したい。

従軍司祭は島でも本国の宗教だとか、神の戒律だとかを盾にとり、娘や妻を提供したいという現地人オルーの厚意を最初はかたくなに辞退するするのであるが、最後には「至上の支配者である自然が万人を誘う純真無垢な悦び[22]」というタヒチ人の戒律にまけてしまうのだ。ここには、フランスでは司祭づらを余儀なくされていながらも、タヒチでは「未開人」を貫こうとする従軍司祭のヴィヴッドな姿が見出される。そこでもルソーが『不平等起原論』で人為的に創造した「未開人」には見られない具体的で、きわめて現代人にちかいディドロの「人間」に出会えると思うのは筆者だけであろうか。

教育論『エミール』においてルソーが登場させる架空の生徒と教師とディドロが傑作『ラモーの甥』等の作品に登場させる生身の人間との比較をここで蒸し返すのはむしろ野暮というものであろう。

むすび

おわりに、私は、アントワーヌ＝レオナール・トーマの『女性論[23]』を読んだ直後にディドロがまとめたきわめて刺激的な試論の冒頭を引用してこの小論を締めくくりたい。一七七二年の三部作（『これはコントではない』、『カルリエール夫人』、『ブーガンヴィル航海記補遺』）を完成する前に、ディドロはトーマ『女性論』の書評をしなければならなかったが、この長文の論考を「単調なもの」と断じていた。「彼（＝トーマ）は愛の苦しみも悦びも知らない。彼は考えはするが、感じることがない。彼の頭は苦しむけれども、心は冷たく、平静のままなのだ。感情には感情を我々に返してくれ、我々にしてくれる幸福の故に本人も幸せになるような自然の唯一の伴侶をこんな具合に扱っていいものだろうか」とディドロは問いかけた[24]。ディドロにとっては男性の唯一の相手（＝女性）はトーマが論じたように、感情を欠いていてはだめで、男性の呼びかけにすぐさま応えてくれなければならなかったのだ。

その意味で、ディドロの人間観を語るにはその卓越した才能を見事に喝破した批評家アルセーヌ・ウーセの次の評言をどうしても引用せざるをえないのある。

「トーマの女性論についての彼〔＝ディドロ〕の批評以上に、誰がディドロの天才をよく納得させてくれようか。トーマはこの本を書くのに多年を費やしたのに、ディドロはその批評をまとめるのにある日の午前中を費やしただけなのだ。そして、真の女性論――十二頁の本だが――を仕上げたのはディドロであって、トーマの浩瀚な書はせいぜいそれの注釈にすぎないのだ。(25)」

この引用をもって小論を終えると、ルソーとディドロとの比較では後者の人間観を持ち上げすぎるとの批判もまぬがれないことであろう。拙論の目的は両者の人間観や教育観についても、そのちがいは生来的資質に由来することをしめそうと試みようとしたのであって、両者の優劣を論じたものでないことをご諒解願いたい。というのも両者の生きた絶対王制の世界は言論の自由に恵まれていなかった時代であったことを誰よりも痛切に感じていたのはほかならぬ啓蒙思想家たちであったからである。

その意味で、現実の政治に立ち入ることを避け、巧みな仮説を援用しながら、ともすればあまりに理想的な（時としてユートピックにもなりがちな）政治理論を構築しようとしたルソーの方法も当時は現在とは異なった別の有効性を持ちえていたのだから。

注

（1）*Emile* dans les *Œuvres complètes de Jean-Jacques Rousseau* (Ed. de la Pléiade, 1969)〔以下 *O.C.*と略〕. t. IV,

p.245. 今野一雄訳『エミール』（岩波文庫）（上）p.23.
（2）*Ibid.*, pp.323–324. 邦訳（上）pp.132–133.
（3）*Ibid.*, pp.264–265. 同 pp.49–50.
（4）*Ibid.*, p.445. 同 pp.312–313.
（5）*Ibid.*, p.454–455. 同 p.325.
（6）*Ibid.*, p.455. 同 p.326.
（7）*Ibid.*, p.850.（下）p.246.
（8）Rousseau, *Sur l'Origine de l'Inégalité* dans *O.C.* t. III, pp.132–133. 本田・平岡訳（岩波文庫）p.38.
（9）*Ibid.*, p.162. 同 pp.83–84.
（10）*Ibid.*, pp.159–160. 同 p.80.
（11）Gilbert Chinard, *L'Amérique et le Rêve Exotique dans la littérature Française au XVIIe et XVIIIe siècles* (Droz, 1934), p.353.
（12）*Ibid.*
（13）*Ibid.*
（14）Peter Gay, *The Enlightenment / An Interpretation. 2 : The Science of Freedom* (Wildwood House, 1973). p.337. 中川・鷲見・永見・玉井訳『自由の科学』(1)（ミネルヴァ書房、一九八二年）p.278.
（15）Jean Fabre, «Deux frères ennemis ; Diderot et Jean-Jacques», dans *Diderot Studies*, No.3 (1961), p.170.
（16）Denis Diderot, *O.C.* Ed. Lewinter. t. II, pp.768–769. 小場瀬卓三訳『自然の解釈に関する思索』（ディドロ著作集第一巻「哲学I」所収）p.278を参照されたい。
（17）ルソー前掲邦訳（中）pp.120–181を参照されたい。

(18) Article “L'Encyclopédie” dans *The Encyclopédie of Diderot and D'Alembert / Selected Articles* edited by J.Lough. (Cambridge U.P., 1969), p.56.

(19) Diderot, *Contes*. Edited by H.Dieckmann (London U.P., 1963), p.20.

(20) Cf. *Supplément au Voyage de Bougainville.* Ed. Gilbert Chinard (Droz / The Hohns Hopkins Press, 1935), Ed. Herbert Dieckamann (Dreoz, 1955) et Denis Diderot, *Quatre Contes*. Ed. Jacques Proust (Droz, 1964).

(21) Peter Gay, *op.cit.*, pp.95–96. 前掲邦訳 p.80.

(22) Ed. Dieckmann (1955), p.22.

(23) *Essai sur le caractère, les mœurs et l'esprit des femmes dans les difféfents siècles* par Antoine-Léonard Thomas (1732–1785).

(24) Diderot, *O.C.*, Ed.Lewinter. t.X., p.31.

(25) Arsène Houssaye, *Galerie du XVIIIe siècle.* Troisième série. “Poètes et Philosophes” (Hachette, 1858), p.164.

7

ある亡命貴族の目に映じたフランス革命

——セナック・ド・メイヤン『レミグレ』の場合

はじめに

この小論で取上げるセナック・ド・メイヤンは、わが国ではよく知られたフランス作家とはいいがたい。というのも、日本で出ているフランス文学史やフランス文学辞典ではその名前さえ挙っていないものの方がむしろ多いからである。[1] 類書すべてにあたってみたわけではないけれども、筆者が参照した『新潮世界文学小辞典』(新潮社、一九六六年)が次のような項目を収録しているが、これはむしろ例外的だといってよいと思う(同書四八八頁より引用)。

セナック・ド・メイヤン、ガブリエル　Gabriel Sénac de Meilhan (一七三六―一八〇三) フランスの作家。地方知事などの官職にあったが、大革命になるとフランスから亡命(一七九一)、ロシア、ドイツ、イタリアなどに住み、ウィーンで死んだ。作品として小説『革命以前の政府、風俗、階級』(九五)、『亡命者』(九七)、『十八世紀末の偉人たちの性格』(一八一三)などがある。(小林善彦)

フランスにおいても、セナック・ド・メイヤン（以下、セナックと略記する）は、その主著『レミグレ（亡命者）』の初版が、一七九七年に刊行されてから、プレイヤード版『十八世紀の小説家』第二巻の編者ルネ・エチアンブルが初版の忠実な再版を出すまで（一九六五年）の一世紀半以上もの間、一部の不完全なエディションを除くと、それを完全な形で読むことができなかったという事情があった。従って、文筆家としては革命派のロベスピエールやマラー等の著作が従来から華々しい脚光を浴びてきたのに対し、王党派の一亡命作家として、ともすれば簡単に片づけられがちなセナックは、専門家を別にすれば、フランスでもまともに取上げられることが少なかった作家の一人といっても過言ではないであろう。[2]

以下の小論で筆者が試みようとするのは、日本で現在入手しうるセナックのわずかな著作――もちろんその中では『レミグレ』が主要な部分を占めることはいうまでもないことだが――を通して、反革命派の一作家が自らも渦中にまきこまれ、その後、外地にあって推移を見守ることができたフランス革命をどのように見ていたのか、という問題のささやかな解明にすぎない。ここで急いで断っておかなければならないのは、筆者は、セナックとフランス革命の見方に興味をもつものであるが、反革命賛同者などではないし、ましてや、王党派の支持者でもないということである。従って、フランス革命をめぐっては、過去と現在を問わず千差万別の立場が考えられようが、この小論はセナックのような立場もあったのだということを多少なりとも明らかにする以外の意図を有するものではない、と最初にあえて強調しておく次第である。

I　セナックの目に映じた地方の現実とその改革

セナックが文学活動を開始するのは、五十歳の頃からである。従って、彼の本格的な文学者としての出発はむしろ晩年になってからだったといえよう。

それまでのセナックは、二十七年間もの長きにわたり、次の各地で地方総監 Intendant を務めていた。

一七六三年　グアドループ島地方総監（ただし、着任せず）
一七六四年　イル＝ド＝フランス島とブルボン島地方総監
一七六六年　ラ・ロシェル地方総監
一七七三年　エクス・アン・プロヴァンス地方総監
一七七五年　ヴァランシエンヌ地方総監

アンシャン・レジームのフランスで実績をあげた地方総監としては、のちに財務総監に抜擢されるチュルゴ（一七二七―一七八一）が有名であるが、セナックはチュルゴほどではないにしても、革命前のフランスにおいて若干の改革を手がけた能吏のひとりであったことをはじめに特筆しておかねばならない。

一七六六年―一七七三年の間、在勤したラ・ロシェルにおいては、一七六三年のパリ条約により新フランス（のちのカナダ）をイギリスに譲渡したあおりで、それまで活気を呈していたラ・ロシェル港での毛皮取引の低迷を回復させるため、サント＝ドミンゴからの砂糖とシロップの輸入で、セナックはこの危機を乗りこえようとした(3)。

次に、一七七三年から一七九〇年まで、計十七年間在籍した国境の町ヴァランシエンヌでは、捨て子や貧民のための施療院を設けたり、後述するネッケルが決定した通行税の増額に住民の肩をもち、はげしく抗議した。(4)

このように、地方総監として各地方の現実をじかに体得したセナックは、革命に突入する直前のフランスがかかえる問題とはなにか、さらに、それらの改革はどうあるべきか、を開明派のチェルゴらとともに深刻に考えていた地方総監のひとりだったと考えられる。

経済政策上では、セナックは、チェルゴの主張した穀物取引の自由化に全く共鳴していたといわれる。(5)

長年にわたって地方総監を務めた体験から、セナックは、「ものの価値の真の基盤をなすのは、人間の労働であり」、「最も低い階層が生産する階層である」(6)ことを学んだのだった。

このように社会・経済的に恵まれない階層に温かい眼差しを向けていた地方総監であったから、セナックが鑑とすべき、先輩としてのチェルゴへは手放しの礼賛を惜しまなかった。次の引用は、セナックの死後に出版された『十八世紀の様々な肖像と性格』（一八一三年）に見出せるものである。(7)

「リモージュの地方総監に任命されると、チェルゴは人民の利害に対する熱意により異彩を放った。人民の負担を軽減することに専心した彼は、賦役労働 Corvée の廃止ほどの急務はないと考えた。彼の勇気は古くからの仕来たりに執着する政府の抵抗に打克った。すべての細部に立ち入って熱心に取組む熱意のおかげで、彼はあらゆる困難を丸くおさめた。どんな刷新にも不安がる、人民の不幸にしてあまりにも根拠のある怖れも、この同じ人民への愛がとらせた計画に反対するほんのささやかな妨害のひとつにもならなかった。この高邁な企ては成功を収め、人民の負担は軽減され、貧民階層は奴隷の境遇にも似た仕事から解放され、道路は以前よりも少ない費用でもって、一層頑丈に、迅速に建設されたのだった。」

一七七四年に、国民の評判が芳しくなかったルイ十五世が死に、若きルイ十六世が即位すると、誰が次の財務総監に任命されるかに国民の関心があつまった。ディドロをはじめとするフィロゾーフらの「財務総監」(大蔵大臣)は地方総督の中から選ぶべきだ、との主張(8)を俟つまでもなく、チェルゴは大方の期待にたがわず、一七七四年八月二十四日に財務総監に任命された。

チェルゴは、すぐさま『国王あての手紙』で数々の改革案を提出し、それに着手しようとするが、聖職者階級、貴族階級と高等法院とがチェルゴの打出す改革案にことごとく反対したばかりでなく、政府の実権を握る老齢のモールパがチェルゴの影響力を怖れたこともあって、チェルゴは一七七六年五月十三日に辞職するにいたる。

他方、セナックは一七九〇年まで現役のヴァランシエンヌ地方総監として在職していたわけだから、チェルゴの財務総監への抜擢と更迭の一部始終を見守っていたばかりでなく、彼自身もいつの日か財務総監のポストを狙える地方総監のひとりとしてそれを夢みたとしても当然の成行きだったといえよう。

ところが、彼の行手にジュネーヴ生まれで、銀行家から転身したジャック・ネッケル(スタール夫人の実父、一七三二―一八〇四)が立ちはだかり、セナックの夢を粉砕してしまうのである。

Ⅱ ジャック・ネッケルへの弾劾

セナックは一七九〇年春に亡命への道を選ぶことになるが、その直後に匿名で『フランスにおける革命の原理と原因』[9]を刊行した。この書物は、題名の通り、フランス革命の諸原因をセナックなりに究明しようとしたものだが、あまたのフランス革命論がもっぱらその原因を外的なものに求めたのに対し、フランス君主制そのものの内に求めようとしたことに特徴があるといわれている。この本の末尾で、セナックは次のようにきわめて簡潔な文章のうちに、フランス革命の原因を要約している。

「財政の破綻がそのきっかけとなり、名士会がその原理となり、ネッケルが直接の原因となった。」[10]

また、続いて五年後に、ハンブルグで出版された『フランス革命前の政府、習俗、身分論』[11]において、セナックは、先の引用文を敷衍するかたちで、次のようにも述べている。

「フランス革命の原因は次の三点に要約できる。

――上流階級の人士と人民の精神を燃え立たせたネッケルの著作と行動

――国王〔ルイ十六世〕のあまりにも御しやすい人の良さ

――名士会

これらの原因のどれかひとつがなかったことにするか、名士会が期待されていたような善処《ビヤン》を生み出したと仮定して見給え。そうなると革命はなかったのだ。」[12]

どちらの引用文でも、ネッケル（の著作と行動）がフランス革命のきっかけをつくった第一の原因として挙げられているのが読みとれる。

さらには、一七九七年に刊行される小説『エミグレ』の第十信では主人公サン＝タルバンにその身上話の中で、ネッケルを称して、《あの政治的山師》ce charlatan politique[13]とセナックはいわせている。

セナックの側からは、著作の随所にこのような調子の、厳しいネッケル非難が放たれるが、一七七六年にチェルゴが財務総監を辞職後、クリュニの後を襲ったネッケルの財務長官（ジュネーヴ生まれのプロテスタントであったため、国務顧問会議が彼を財務総監に任命しなかった）就任は、銀行家による国家財政の建直しを期待した国民には好評だったし、彼は、ディドロやグリムの支援する親友でもあった。一七八一年二月に、ネッケルが発表した『ネッケル氏による国王への報告』は、国庫の収支決算をはじめて数字化したものとして一般に歓迎されていたのだった。

ところがセナックの筆にかかると、ネッケルは全く異なった評価を受けていたことになるが、そこには、なにか異常なものさえ感じられるのである。

前節で、財務総監のポストは、地方総監の中から選ばれるべきだという意見が一部にあり、セナックも自らを有力な候補者のひとりと考えていても不思議でないことを述べた。ここでネッケルとセナックの関係を見ていくと、前者は、一七八一年にいったん財政長官を辞職しているが、この間、セナックの側からはネッケルの顰みにならい、ヴァランシエンヌ地方総監時代の末期に『富と奢侈にかんする考察』（一七八七年）や『精神と習俗にかんする考察』（一七八七年）を矢継早に刊行し財務総監へのポストを目指して、セナックが運動していたことが判明している。ところが一七八八年に、ネッケルが財務長官に返り咲いて、セナックのこうした最後の努力も水泡に帰したという背景があったことは両者の関係を見る上で無視できない。このような両者の個人的角逐に加えて、セナックの目には、ネッケルの登用は、フランスの官僚機構を大きく狂わせた人事と映ったことも否めない。

前出の『フランス革命の原理と原因』の中には、セナックが従来の政治機構を説明して次のように指摘している個所が見出せる。

「財務総監のポストは長らく司法官によって占められてきたし、財務官府と地方官府も同じく国務顧問会議の成員に任されてきた。後者のポストは、いわば省への見習期間として役立っていた。最近、銀行家の事務所から出てきたばかりで、行政の形態についての知識がないので、ネッケルは、自分の昇進が能力からいって、自分よりもはるかに上手の司法官ににがにがしく見られるだろうと感じた。彼は自分と日々の諸関係を有し、国事における能力不足の秘密を見破ることのできる財務官を削減した。彼は財務官の権威を減少させたり、才能や名声の故に彼の跡を襲うことを主張しそうな財務官たちを排除しようと努めた〔後略〕。(14)」

この文章は、セナックの財務総監への夢が完全に潰えた後に書かれているから、ネッケルの登用があくまでも異例の人事であったこと、彼の経験不足からくる、部下との軋轢も少なからずあったことをいわば回顧的に浮き彫りにしているといえよう。

従って、セナックのネッケル批判は、一方で一般の国民からは見えにくいフランス君主制の政治機構を熟知した者の視点からなされており、他方、地方行政を長年にわたり担当し、革命前の地方の現実を実際に知った上で、諸改革に従事した経験をもつ地方総監（セナック）の目から、投機等の金銭の操作で巨万の富を築いたという、およそセナックには別の世界の人間（ネッケル）の政策を彼がこきおろすかたちとなっていた。要するに、これほど掛け離れた両者の間にはどちらかからの悪口雑言以外に歩みよりはおろか、協調の余地などは全くありようがなかったといえるのではないだろうか。

なお、セナックの敬愛したチェルゴにしても、ネッケルにしても、彼らのような政・財界の開明派には当時は、親英の回し者のレッテルがはられ、政府の上層部ではロンドンの財界との繋がりを警戒されていたという背景があったことを指摘する人もおり、(15)とくにジュネーヴ出身のネッケルに対する上層部の風当たりはかなり強かったことも付け加えておこう。

Ⅲ 〈証言小説〉としての『レミグレ』の位置づけ

小説『レミグレ』の梗概

全篇は、一九六通の書簡からなる小説。フランスの亡命貴族サン゠タルバンはプロシア軍将校として参戦中に負傷する。レーヴェンシュタイン伯一家の手厚い介抱のおかげで、彼は快癒するが、伯爵夫人ヴィクトリーヌと恋に落ちる。けれどもヴィクトリーヌはサン゠タルバンの想いをなかなか受け入れてくれない。夫のレーヴェンシュタイン伯の急死で、二人の間に障害がなくなったかにみえた矢先、コンデ公の呼びかけに応じ、サン゠タルバンは反革命のコンデ軍に志願し、捕虜となる。革命裁判所で国王への忠誠を表明したため、彼はギロチンにかけられるが、その直前に隠しもった短刀で自刃する。この悲報をきいたヴィクトリーヌは半狂乱のうちに他界する。

サミュエル・リチャードソンやジャン゠ジャック・ルソーからの強い影響のもとに書簡体でかかれたこの小説は、文学作品としては、フランス文学の伝統である心理小説や書簡体小説の系譜に位置づけることもできるだろう。けれども、この小論では、この小説が反革命派側からフランス革命に深くかかわった者にしか書けない生の証言を数多く含む点で、セナックのすぐれた研究者ピエール・エスクープの言葉を借りて、〈証言小説〉[16]として位置づけてみたい。次に三つの視点からこの小説を検討していくことにする。

フランス革命の原因分析

すでに言及した『フランス革命の原理と原因』（一七九〇年）において、セナックは『百科全書』を中心に活躍した、いわゆるアンシクロペディスト（百科全書派）やフィジオクラット（重農主義者）たちが知識層を啓蒙したのはよいが、書き物の氾濫を生み、分別力のない下層階級を眩惑させたことも革命の遠因のひとつとして指摘していた[17]が、この点は、小説『レミグレ』においても、形をかえてサン＝タルバン伯が息子に繰り返している。

「青年時代を魅了した誤ちから立ち直ってから、私は人間が啓蒙の進歩から引き出せる利点を疑いはじめ、ある度合をすぎるとそれは致命的であると信じるまでになったのです。」（第百二十四信[18]）

さらに、作中でセナックの分身と考えられるロンゲーユ院長は、サン＝タルバン侯爵にあてて幾度となくフランスの状況報告や革命の分析を書簡で行っているが、そのひとつには次のようなフランス革命の見方が含まれている。

「この上なく信じがたい変化（革命）が引き起こされましたのは、一連の出来事によってでもありませんし、長い前から準備された材料の組合せによってでもありません。フランス革命は全く偶発的なものなのです。フランスでは、とりわけ、フィロゾーフが、アンシクロペディストの名のもとに一体となってからは影響が感じられるようになった彼らの著作に革命の因を帰する人が若干います。ですが、革命の進行を注意深く追ってみますと、フィロゾーフと称される作家は革命を増進させましたが、決定したのではないことを理解するのは容易なことでしょう。といいますのは、近くの石切り場の石でもって、一軒の家が建てられたからといって、その家はこうした近さの由のみで建てられたというのは根拠があるでしょうか。設計図が引かれた後で、近くにあった材料を用いたという方が一層ありそうなことなのです。現今の著作に広まっている哲学《フィロソフィ》はフランス革命の原理ではありませんでしたが、ひと度革命が始まりますと、どのような原理であれ、それに寄りかかったのです。民心が動きだした時にJ＝J・ルソーやその他の作家のうちに状況上、打ち立てる希望がもてそうな、体制に有利な行動基準と原理とを求めたのです。従って、どんな利発な人でも、それ以前の時代に、徐々に発達した萌芽を求めたとしても徒労におわることでしょう。若干の人達の性格が浮き彫りにされ、反対派の弱さが白日のもとに晒された時、フランス革命は、それ故に、ほぼ必然的な結果となったのです。その進行は弱さによって決定され、早められたのですし、抵抗がなかったがために、すべてが可能となり、いかなる堰もない激流にも似て、すべてを荒廃させてしまったのです[19]。」

長い引用になって恐縮だが、ここにセナック独持のフランス革命の捉え方がよく表現されているように思う。末尾で言及される「反対派」とは、フランスの君主制を守るべき立場にあった貴族階級を指すと考えられる。

セナックは同じ小説のロンゲーユ院長からサン＝タルバン侯あての第八十五信で、前者が一七九二年二月二十八日のテュイルリー宮での出来事を目撃したかのように語らせているが、国王を守るべく召集された多数の貴族や将校が、場末町のサン＝タントワーヌから駆けつけた民兵の隊長に、いとも簡単に武装解除させられ、民兵のなすがままに従わせられる場面を活写している[20]。

セナックがフランスを逃れて、英国に渡るのは一七九〇年で、テュイルリー宮のこの出来事より二年早く、彼自身は目撃できるはずはなかった。けれども彼の亡命よりも三年前の一七八七年二月二十二日に召集した名士会でカロンヌが特権階級にも地租を課し、彼らを敵にまわしたことも王政の崩壊を早めた原因として彼が重視したのに引き続き、このようにふがいない貴族や将校のうちにはもはや王国を改革する力も、王国を守る力もないことをかなり早い時期からはっきり見通していたことをここに見ることはできるだろう。

他に、セナックの反革命派の立場からは当然のことであるが、ルイ十六世が処刑されるのを目撃した人の証言（第四十五信）やマリ＝アントワネット処刑の悲報（第九十五信）等が挿入されており、小説『レミグレ』はフランス革命が著者セナックにどのように映じていたかを物語る数々の〈証言〉に事欠かないといえるだろう。

亡命貴族の生活と信条

フランスの歴史家で、特に反革命研究の第一人者として知られる、ジャック＝ゴドショに依れば、フランス革命をめぐる亡命者の国外流出は次の三つの時期に分けられるとされる[21]。

第一期　一七八九年

第二期　一七九〇年

第三期　一七九一―九二年

第一期には、大物貴族アルトワ公、コンデ公らが亡命した。彼らの国外脱出は容易だったし、全財産を持出すことができたといわれている。

次の第二期からは、最初の亡命取締令（一七八九年十二月二十二日）が出るなどして、国外脱出が一段とむつかしくなっていくのは当然の成行きだった。

ロンドンに病気の息子を見舞うと言う表向きの理由で、セナックがフランスを脱出するのもこの年（一七九〇年）であるが、彼は一七三六年生れであったから、五十四歳であったことになる。ところが、小説『レミグレ』の主人公サン＝タルバン（セナックのもう一人の分身）の身上話（第十信）[22]では、革命が始まった頃およそ二十歳だったと、セナックが彼に言わせているから、年代等については文学上の潤色がほどこされていることを考え合せておかねばならない。

この点はともかくとして、当時のフランスの人口は二千六百万人でそのうちの十五万人が亡命したとされているから、「ナントの勅令廃止」（一六八五年）時の二十万人の亡命者数に次ぐ史上第二の大きな国外脱出者を生んだことになる。

大半の亡命者は、セナック自身のように、ロンドンを経るか、ブリュッセル経由で、ヨーロッパ各地を転々とした後、最終的には、コブレンツを中心としたプロシアのラインラントに集結するのが普通だった。小説『レミグレ』においては、ロンゲーユ院長からサン＝タルバンあての第十八信で、安全だと思って待機していたエースがフランス軍の進撃で危くなったので、やっとの思いでイタリアのトリノへ辿りつくが、最終的にピエモンテ地方を退去しヴェネチアに着くまでの亡命者の逃避行が生々しく描かれている。

また、国外に財産を首尾よく持ち出せなかった貴族の中には、サン＝タルバン侯の従妹モンジェスタン公爵夫人が内職に花束をつくって糊口をしのいでいる話（第四十三信）や生活苦からピストル自殺する女の亡命者の話（第八十二信）に代表される外地での厳しい現実に直面する者もでてくる。

ではなぜこのようにしてまで亡命生活をしなければならなかったかを考えてみると、亡命貴族の大半はフランス革命は二、三ヶ月で結着がつくと想像していたからだった。小説『レミグレ』では、サン＝タルバン侯爵からモンジェスタン公爵夫人あての第八十八信で、ヴィクトリーヌの父親に、セナックは次のようにいわせている。

「フランスにおける騒動のはげしい状態は長く続くことはありませんし、いまから一年後に、あなたはサン＝タルバン家の館にお戻りになれることを私は確信しております。[23]」

ここに、大半の亡命貴族たちの最大の誤算があったと思われる。

次に、亡命者の信条について触れてみると、一七九三年一月二十八日に、ルイ十六世が処刑されてからは、亡命者たちは王党派としての大義名分を失ったかにみえた。この点についても——もっともこの時点では国王はまだ処刑されていなかったが——、セナックの分身と考えられるロンゲーユ院長の発言は重要な意味をもつ。祖国を離れ、国王の許に結集できない場合はどうすべきだったのかを追想して、ロンゲーユ院長は次のように述べている。

「パリで国王の許に結集できない場合、本当に国王に仕えようと希望を託さねばならなかったのは、諸侯 Princes の許でだったのです。もしも亡命者の高邁な努力が首尾よく功を奏していたとすれば、亡命者たちには同時代人と後世の人たちの賞賛をもたらしていたことでしょうに。[24]」

つまり、たとえ国王亡き後でも、亡命貴族は、国王に代る直系の貴族に忠誠を誓うことで、彼らの大義名分を維持しうると考えていたわけなのだった。プロシアでは、フランス革命の勃発直後に、財産を持ちだしたアルトワ公やコンデ公といった大物貴族が活発な反革命を行っていたことは知られていた。

従って、『レミグレ』の主人公サン＝タルバンがヴィクトリーヌへの愛を捨ててコンデ軍に志願する理由はこのような背景にこれを位置づけてみると一層よく理解できるであろう。

名門貴族の名誉の問題

コンデ軍に志願し、大隊の指揮を授かったサン＝タルバン侯爵のその後を小説『レミグレ』の中で追っていくと、子爵某からロンゲーユ伯爵あての第百六十三信で、サン＝タルバンの悲報が伝えられる。子爵は、サン＝タルバンの最後を言葉では到底語れないといい、フランス国内に出回っている新聞の記事を書き写してロンゲーユ伯にその模様を伝達するという方法を取っている。その記事に依れば、サン＝タルバンは共和国軍側の捕虜となったが、革命裁判所の裁判長に共和国軍に対し戦闘をしかけたかどうかを尋ねられた時、彼は普段の言葉遣いで、こう答えたという。

「わたしは、国王と祖国のために闘ったこと、人間性の擁護でもある、かくも立派な大義名分の擁護のために死ぬことを誇りに思います[25]。」

そこで、裁判長は、これ以上聞くことはないといって、早速判決を下し、ギロチンにかけようとした時、サン＝タルバンは落としたハンカチを使うような恰好をして、短刀をとり出し自刃したという。

さらに、ロンゲーユ院長からモンジェスタン公爵夫人あての第百二十六信で、サン＝タルバン伯（小説サン＝タルバンの父）もギロチンにかけられることになっていたが、病勢が進んで意識のないまま断頭台にかけられ、鉈が落ちる前に息を引きとったことが報告される[26]。

このように、サン＝タルバン父子は革命派の象徴ともいうべきギロチンから辛うじて逃れたという小説の設定は、名門貴族が君主制の要である名誉《オヌール》を最後まで守ることによって、彼らが土壇場で革命派に一矢を報いたものと解釈できよう。

こうした点からも、この小説はフランス革命を否定した旧貴族の側からフランス革命を考察した貴重な証言小説と考えることができる。

なお、この小説には、本節の前項「亡命貴族の生活と信条」において言及した、生活苦からピストル自殺した女性の亡命者をめぐって、〈意志的な死〉une mort volontaire という語が用いられていたし[27]、最後に扱ったサン＝タルバンの自刃も〈意志的な死〉（＝自死）と考えて差しつかえないと思う。古代ローマ人の〈意志的な死〉から日本人の死までを考察して、最近評判になったモーリス・パンゲの力作『自死の日本史』[28]の存在を想いつつ、サン＝タルバンの自死を日本人の死生観と結びつけて考えてみたい気もしないではないが、それは今回の小論の枠を大きくはみだすテーマなので、ここでは深入りするのを控えたことを最後にお断りしておきたい。

むすび

これまでの説明で明らかにしてきたように、セナックがフランス革命に独自の解釈を下しているのは、彼の亡命は、ギロチンに怯えて命からがら国外脱出した大半の亡命貴族たちとは異なるという自負心があるからだと考えてよいと思う。

セナックの父は高名な医師（ダミアンのルイ十五世殺傷事件では治療にあたったといわれる）であった

が、息子のガブリエルはそうした父親の後押しもあり、また当時の政界の大物ショワズゥールの推輓もあって、アンシャン・レジーム下のフランスで地方総監を長年務めたのである。従って、彼は革命直前のフランスの現実を知悉しており、その経済的・政治的不備を改革しようとして彼なりに努力したことは、これまで述べた通りである。

ジャック・ネッケルへの厳しい批判については、これまた、先に述べた通りでここで繰り返す必要はないと思うが、彼はフランスの君主制の、いわば屋台骨というべき貴族の節操の無さ、行動のふがいなさ――セナックはこれらの対極に彼のいう名誉《オヌール》を見ているわけだが――に絶望し、早目に祖国に見切りをつけてしまったといえるだろう。この意味で、小説『レミグレ』はセナックなりの幻滅小説と考えてよい。ただし、名誉を重んじるセナックの立場は、小説の登場人物サン゠タルバン父子の自死のうちにあたかも透し模様のように昇華されていると考えることができるであろう。

最後に、セナックがなぜ書簡体小説を晩年に執筆するにいたったのかという問題が残る。これは大変大きな問題で筆者にはそれに答えられる力があるとは思われないが、セナック・ド・メイヤンの立場だけに限って私見を述べるならば、次のように考えられるのではないだろうか。

第一に、小説『レミグレ』の中でも、サン゠タルバンとヴィクトリーヌが急速に親密な関係になっていくのは、二人が、サミュエル・リチャードソンの小説の愛読者だったことがきっかけになっていた。さらにこの小説のある個所では、フランス小説には英国小説のように、習俗、人びと、ある国民とかの忠実な描写が欠落している点をセナックは登場人物に批判させている（第八十五信）。

このように、当時の教養ある貴族は、セナックのように、リチャードソンやジャン゠ジャック・ルソーを読んでいた。その上、『危険な関係』のラクロ（一七四一—一八〇三）と同じく、彼もサロンの常連だったことをここで想起しておこう。

従って、文学者としてはスロー・スターターだったセナックではあるが、当時の貴族の世界を描こうとすれば、彼が教養人として影響をうけた（書簡体）という形式を踏まざるをえなかったのではないだろうか。

第二に、フランス革命のような激動の事件を文学上で扱う場合、臨場感を出すのに最適なジャンルはなんといっても演劇であろう。これに対し、小説の方は臨場感では芝居に劣るが、諸々の事件を回顧的に整理できるという利点があるように思われる。小説『レミグレ』におけるように、亡命貴族のすべてがサン＝タルバン父子のように自死によりギロチンを巧みに逃れ、彼らの矜持を保てたかどうかは保証の限りではないが、この意味でセナックは『レミグレ』においては小説のもつ整合性の利点を十分に活用したのだと考えておきたい。

＊　参考文献としては、注で言及した以外に、次の書物も参照した。

［セナックについて］

H. A. Stavan, *Sénac de Meilhan (1736–1803)* (Minard, 1968).

［『レミグレ』の歴史的背景について］

Fernand Baldensperger, *Le Mouvement des idées dans l'Emigration Française* (2 vol., Paris, 1924 ; Burt Franklin,

1968).

Michel Denis, Noël Blayau, *Le XVIIIe siècle* (Armand Colin, 1970).

注

（1）たとえば、日本フランス語フランス文学会編『フランス文学辞典』（白水社、一九七四年）には、見出し語にも、索引にも、言及がない。

（2）Sénac de Meilhan, *L'Emigré* in *Romanciers du XVIIIe siècle*. Préface par Etiemble (Bibliothèque de la Pléiade, 1965).

（3）Pierre Escoube, *Sénac de Meilhan (1736–1803)* (Librairie Académique Perrin, 1984). pp.55–56.

（4）*Ibid*., p.94.

（5）*Ibid*., p.71.

（6）*Ibid*., pp.157–158.（傍点は原文でイタリックの部分）

（7）Sénac de Meilhan, *Portraits et Caractères du XVIIIe siècle* (Paris, 1945). p.14.

（8）中川久定著「ディドロの『セネカ論』」（岩波書店、一九八〇年）、詳しくは、三五〇―三五一頁の注三七四を、とりわけ参照されたい。

（9）Sénac de Meilhan, *Des Principes et des causes de la Révolution en France* par Michel Delon (Les Editionsn Desjonquères, 1987).

（10）*Ibid*., p.88.

(11) Sénac de Meilhan, *Du Gouvernement, des mœurs et des conditions en France, avant la Révolution* (1795).

(12) P. Escoube, *op. cit.*, p.364. 前掲書に所収の「抜萃」より引用。

(13) *L'Emigré*, in *Romanciers du XVIIIe siècle*, t. II.（以下、*R 18* と略記する）。

(14) Sénac de Meilhan, *Des Principes...*, pp.55–56.

(15) Pierre Jolly, *Necker* (PUF, 1951), pp.203–204.

(16) P. Escoube, *op. cit.*, p.282.

(17) Sénac de Meilhan, *Des Principes...*, pp.37–39.

(18) *R 18*., p.1843.

(19) *R 18*., p.1730.

(20) *R 18*., p.1747.

(21) Jaques Godechot, *La contre-révolution 1789–1804* (PUF, 1961). p.157.

(22) *R 18*., p.1575.

(23) *R 18*., p.1761.

(24) *R 18*., p.1748.

(25) *R 18*., p.1897.

(26) *R 18*., p.1850.

(27) *R 18*., p.1740.

(28) 竹内信夫訳（筑摩書房、一九八六年）。

8　アレクサンダー・フォン・フンボルトとフランス啓蒙思想家

「自然はくめどもつきぬ研究の宝庫である。諸科学の領域が広がるにつれ、新たな問いを投げかける者に対して自然はそれまで全く考究されなかったような姿を見せてくれる」

アレクサンダー・フォン・フンボルト

はじめに

わが国では、すぐれた言語学者カール＝ヴィルヘルム・フォン・フンボルト（一七六七―一八三五）が言語学界で占める位置と比べるとその実弟アレクサンダー・フォン・フンボルト（一七六九―一八五九）（以下、単にフンボルトと記す場合はA.v.Humboldtを指す）の名を知る人は多いとはいえず、ましてや彼が残した輝かしい科学上の業績が十分に評価されてきたとはいいがたいのではないだろうか。

『岩波哲学・思想辞典』（一九九八年）の項目「アレクサンダー・フォン・フンボルト」では下記のように記されている。

「一七六九―一八五九　W・v・フンボルトの弟。ゲッチンゲン大学に学ぶ。一七七九年から一八〇四年にかけて南米の主として赤道に近い部分を探検。オリノコ川の水路の確定。チンボラッソ山の高さの測定をはじめ、当時の最先端の精密機械を使って地理学的調査を行う。そうした測量機器および探検費用、さらに帰国後三〇年にわたってパリでフランス語で纏めた膨大な報告の出版費用はすべて私財をなげうって出した。パリ滞在中はナポレオン時代を含み、その頃フランスの「アルクイユ会」の科学者たちとも交流があった。「南米の科学的発見者」と言われる彼は、またペルーの湖の水量の減少が人間活動の結果であることなどを調べ、エコロジーの先駆的業績も上げている。特に晩年の一八四五年から六二年にかけての『コスモス』は、当時次第に時代遅れになりつつあった総合的な記述によって生きた自然に迫ろうとした著作である。政治的にも鋭敏で、メキシコの自由のために弁じるとともに、ドイツに戻ってからはプロイセンの学術政策に対する影響力を利用して、政治的抑圧に苦しむ若い学者に援助をさしのべたりもした。自然を論じた、晩年のゲーテとの往復書簡は新しい時代への嫌悪を共有している点でも重要。【文献】A.v. Humboldt, *Voyage aux régions équinoxiales du Nouveau Continent*, 1811-26.〔三島憲一〕[1]

末尾の【文献】にあがっている主著の邦訳（ただし全訳ではない）がその後『新大陸赤道地方紀行』（全三巻、二〇〇一―〇三年）[2]と題されて刊行されたことを除けば、事典の短な項目の中で、アレクサンダー・フォン・フンボルトの主要な業績が要領良くまとめられていて、彼の全体像について付言すべきものはないようだ。

とはいえ、どの事典についても事情は同じなのだが、各項目の字数が限られているので、執筆担当者が省いた部分がでてくるのはやむえないことであろう。

筆者は十八世紀のフランス思想に多大の関心をよせ、それと同時にフンボルトと新大陸との関係にも興味をいだく者として、前掲の事典項目を若干補完してみたい。

フランス啓蒙思想家から学んだＡ・ｖ・フンボルト

以下の誌面ではフンボルトと十八世紀のフランス啓蒙思想家との関係に焦点をしぼるが、その関係が比較的薄いと思われるヴォルテール（一六九四―一七七八）からはじめて、彼との深遠な関係を看過できないと考えられるビュフォン、さらにはディドロの順で論を進めて行きたい。

まず一番バッターとしてヴォルテールに登場してもらうが、実はフンボルトはヴォルテールとも無縁ではなかったのだ。

ヴォルテールとその歴史観

Ａ・ｖ・フンボルトの膨大な著作の中では具体的にヴォルテールの名をあげた個所はみあたらないようである。フランス語で書かれた研究書でシャルル・マンゲが指摘するように、フンボルトは明らかにヴォルテールを踏まえているような時でも彼の名前を出していない。

たとえば、スペイン領アメリカでは「あるできごとを三世紀前まで、つまり〔新大陸〕発見の時代まで遡れれば、この上なく古いように思われている。」それに反して、「中国や日本では二千年前から知られている発明も最近の発明とみなされている」(3) とマンゲは指摘したが、フンボルトのこのような歴史観はヴォルテールのそれに限りなく近い。前掲の『新大陸赤道地方紀行』上巻の末尾に収録されたエンゲルハルト・ヴァイグルの解説でも述べられているように、「なんといってもフンボルトの歴史観はフランス啓蒙の文明モデルに支えられていた。つまり、文化の成果を測る物差しは、文書、暦、数学、そして「巨大な記念碑的建造物」ということになる(4)」。

ヴォルテールは名著『習俗試論』（一七五六年）において、中国人は天文学と文字によってあらゆる記録を残した点を再三強調していたのをここで想起しておきたい。ヴォルテールはいう。

「確実性のある若干の年代記があるとすれば、天体の歴史を地上の歴史に結合させた中国人の年代記である。あらゆる民族のうちで彼らだけが天体の食と惑星の合とによって彼らの時代を絶えず記してきた。彼らの計算を調べたわれわれの天文学者は計算がほぼすべて真実であることがわかって驚いた。他の国民は寓話的作り話をでっちあげてきたが、中国人は他のアジア諸国に例をみない単純さでもって、ペンと天体観測儀を手に彼らの歴史を書いた(5)。」

ヴォルテールとの関連ではもう一点指摘できよう。新大陸赤道地方の現実をつぶさに見たフンボルトをもっとも慨嘆させたことは、ヨーロッパ人による先住民の酷使、さらには奴隷売買の問題だった。わたしはこれらの問題に対するフンボルトの見解をすでに指摘したことがあるが(6)、彼は奴隷制廃止論者として一貫して奴隷の支配者たちに容赦のない弾劾をその旅行記の随所で表明した。

周知のように、ヴォルテールも名作『カンディド』（一七五九年）の第十九章に登場する黒人奴隷にこう言わせている。

「〔…〕着る物は一年に二度、麻の短いズボンをいただくだけ。製糖工場で働いて指が挽き臼に引っかかりでもすると、わしらは手を切り落とされる。逃げ出そうとすると、足を切り落とされる。わしは両方の場合に当てはまった。そんな犠牲と引き換えに、あなた方はヨーロッパで砂糖を食っていられるわけでして。(7)〔…〕」

よく知られたことであるが、ヨーロッパの社交界で人々がコーヒーと砂糖を消費できた背景には新大陸における白人による奴隷たちの搾取があったからだった。フンボルトがヴォルテールの『カンディド』を読んでいたかどうかは未詳であるが、奴隷たちに注がれるフンボルトの同情はヴォルテールのそれとまったく異なるところがないといえるだろう。その意味でフンボルトがヴォルテールを読んだかどうかは大きな問題ではなく、両人はほぼ同じ視点からヨーロッパ人の植民問題の一端を考察していたことをここでは重視すべきであろう。

ジャン＝ジャック・ルソーと《善良な未開人》神話

フランスにおいて《善良な未開人》神話はモンテーニュの『エセー』に含まれる食人種（第三十一章）の頃から脚光を浴びることになり、十七世紀には、イエズス会の宣教師がアメリカの先住民のうちに古代の羊飼いにみられる純真無垢と習俗の素朴さを見出したといわれ、十八世紀に至ると、この神話はルソーの『不平等起原論』において一応の頂点に達した観がある。(8)

周知のように、ルソーは彼の考える《堕落した文明人》（ヨーロッパ人）と対比させるために、《善良な未開人》（自然人）の美質をことさら強調するわけだが、彼が情報を得ていた旅行者、宣教師らの報告等をそのまま信じていたわけではなかったようだ。

ジルベール・シナールが名著『アメリカとエキゾチックな夢』（一九三四年）において指摘しているように、ルソーは幼年時代から新世界の書物を読んでいたらしく、《お前のもの、わたしのもの》という私有の起源も当時どの旅行記にも出ていたことであり、社会状態に先行する《自然状態》という発想もルソーの発見ではなかったとされる(9)。

ルソー以前の作家たちは、未開人が仕合せなのは、キリスト教の原罪という観念がないからだと主として説明していたわけだが、十八世紀に至るとこの説明だけでは不十分で、未開人が自給自足のできる一種の共同体のうちで生活しているという新しい視点が注目されはじめた。この点が、ルソーの第二論文で展開される説とあいまって、《善良な未開人》神話に有力な根拠を与えることになったといえよう。

ところでここで急いで注意しておかねばならないのは、歴史的考察を試みようとする場合、ルソーは一切の歴史的事実を無視し、彼の方法論は「憶説的で条件的な推論」で展開されているということなのだ。『不平等起原論』の冒頭でルソーは次のように述べている。

「それゆえ、まずすべての事実を無視してかかろう。なぜなら事実は問題に少しも関係がないのだから。われわれがこの主題について追求できる研究は歴史的真理ではなく、ただ憶説的で条件的な推論だと見なさねばならない(10)。」

ルソー自身が己の発想法をこのように明快に述べているのだから、北米における《善良な未開人》（自然人）神話はルソーが自説の展開にふさわしい神話を創造しただけのことであって、彼自身は想像上の「未開人」（=自然人）の存在を信じていなかったことは明白であろう。

和辻哲郎も『倫理学』の中でルソーの自然人にふれ、「〔…〕ルソーの考えたような孤立的利己的な自然人などというものも、全然非現実な抽象物にすぎない[11]」と指摘し、その存在を一蹴した。

ここで、ルソーとフンボルトの関係に限れば、前者にあってはあくまで新大陸における想像上の「未開人」(=自然人)を取り上げられていただけなので、新世界の現実を見たフンボルトによりルソー神話はもろくも否定されてしまうのだ。


探検博物学の先駆者たち(ラ・コンダミーヌ、ビュフォン)と新大陸

周知のように、フンボルト以前には、フランスからはラ・コンダミーヌ La Condamine(一七〇一—七四)らが学術調査のため新大陸へ派遣されたことがあったが、フンボルトはそれらの先駆者の業績にたいする敬意を忘れることはなかった。彼に先行してアマゾン川の計測をしたド・ラ・コンダミヌやアンヴィルらの探検成果に言及しているし、次のように述べて、先駆者の仕事を讃えている。

「アクニャ、フリッツ師、ラ・コンダミヌらが蒐集した、ウアウペスの南北における金の洗鉱場に関する情報は、私がこの地方で金を含有する地層について知りえた情報と一致している[12]。」

フランスにおける博物学の大先駆者、ビュフォンについては、フンボルトは一世紀前のこの大博物学者の研究結果を越えようとしていたことはあきらかのように思われる。

新大陸を一度も訪れることのなかったビュフォンの見解にフンボルトは実際にアメリカで目にした光景を引きあいに出し、ビュフォン説の訂正も試みている。たとえば、フンボルトは次のように指摘する。

「ビュフォンがアメリカ最大の猫科をまったく認めなかったことを今日では博物学者は知っている。新大陸の猫科の虎の臆病さについてこの著名な作家が述べたことはオセロット(=アメリカ最大の山猫)にかんしたことである。オリノコ地方ではアメリカ産の本当のジャガーは時として水中に飛び込み、丸木舟に乗るインディオたちを襲うこともあるのだ[13]。」

さらに、ビュフォンは未見のアメリカにかんして一時、珍説を発表したことでも知られているが、フンボルトはやんわりと先駆者ビュフォン説の訂正も行っている。ビュフォンは『博物誌』の《両大陸に共通する動物》（一七六四年）において、次のように指摘していた。

「四大（地・水・火・風）とその他の物理的原因の結合にあって、新世界における生物界（ナチュール・ヴィヴァント）の生育をはばむなにかが存在し、大きな胚種の発達とおそらくは形成とをさまたげる障害物があるのだ。他の風土の穏やかな影響によって、全き形と思いのままの伸長をうけていた胚種でさえ、あの作物のできにくい空のもとと人気のない土地においては収縮し、小さくなってしまうのだ。その土地というのは数少ない人間が分散し、さまよっており、その土地を己の領地のごとく支配者として利用するどころか、人間はいかなる支配力も有さず、動物も四大もいまだに屈服させえず、海を制御せず、河川を導けず、土地を耕作しなかったので、人間もそれ自体一番目の動物にすぎず、自然にとっては首尾一貫しない存在物、自然を改良したり、援助することもできない無力な自動人形のようなものとして存在するにすぎなかった。要するに、自然は、人間に愛の感情と繁殖する強い欲求とを拒むことより、母親というよりは継母として人間を扱っていたのだ。というのも、新世界の未開人は我々の人間とほぼ同じ身長をしているとはいえ、これだけでこの大陸全体における生物界の小型化の一般的事実に例外を設けるには十分ではないからだ。未開人は生殖器官が弱く、小さい。彼には体毛も、髭もなく、女性への情欲もない。ヨーロッパ人よりも走るのに慣れているので身軽ではあるものの、彼のからだは頑健どころか、それほど敏感でもなく、びくびくしていて、ものに怯えるのだ。彼の活力にはいかなる生気も、積極性もなく、からだの活力は運動とか、意識的動作というよりも欲求がひきおこす必然的な行動なのだ。空腹と渇きを彼から奪いされば、同時に彼のあらゆる動作の活動原理をぶち壊してしまい、幾日もの間、ぼんやりと足を組んで休むか、横になったままでいることだろう。未開人たちの分散した生活や人の集いにたいする引きこもりの原因をこれ以上に徹底して追求してはならない。彼らには自然の炎のもっとも貴重な火花さえ拒まれているので、雌にたいする情欲を欠き、そのため、同胞にたいする愛も欠いているのだ。あらゆる感情の中でもっとも強く、もっとも優しい愛情を知らないので、彼らのこの種の他の感情も冷たく、素っ気無い。彼らは父母や子供をあまりいたわることがないのだ。[14]」

とはいえ、さすが博物学者ビュフォンだけあって、未開の新大陸の河川や沼沢地には原生動物や爬虫類しか棲息していないが、河川をせき止め、沼沢地を干拓すれば、人間の住める土地になり、人口も増え、やがて繁栄すると付け加えることも忘れなかった。ところがこの大博物学者の尻馬にのり、新大陸のデメリットを喧伝した人たちは、ビュフォンの前段だけを取り上げるのだった。

このビュフォン説に悪乗りした人物のひとりにコルネリウス・ド・ポウがいて、『アメリカ人にかんする哲学的探求』(一七六八年/一七七〇年)において、次のように述べていた。

——「ヨーロッパ、アジアからアメリカに移送した動物は小型になる。駱駝は子孫を残せない[15]」と。

これらの珍説にたいして、フンボルトは旧大陸から新大陸へ移植された動物が矮小化するとした説をナンセンスと斥けた。

「アメリカのすべての言語のいわゆる貧弱さや数価システムの極端な不完全性にかんして若干の学者が

主張したことは、新大陸における人類の愚かさ、生物界の小型化および北半球から南半球に移送された動物の退化にかんする説と同じくらい大胆極まりないことなのである。[16]」

最後に、フランスのフンボルト研究者、シャルル・マンゲによれば、フンボルトの見解にはビュフォンや百科全書派の影響が見られるとして、次のように指摘した。

「時の経過とともに進展し、変転するひとつの全体という想念――ラマルクをして生物変移説に導くはずの想念は単純なものから複雑なものへの漸進的移行という概念に連結する。この想念はすでにビュフォンとモペルテュイに見出だせた。ヴァルローはひとつの全体というこの大きな想念がディドロとビュフォンによって再度取り上げられたと強調するがもっともなことだ。[17]」

さらにマンゲはフランスの百科全書派のディドロはこのような思想をさらに発展させたドイツ啓蒙主義のゲーテらからフンボルトは大きな影響をうけている、と述べている。ただマンゲが初版の注で強調した見解がどういうわけか再版では再録されていない。

ディドロとその自然観

以上のようなシャルル・マンゲの見解の是非をここで詳細に検討するには、それはあまりにも大きなテーマすぎるのでこの小論では立ち入らないことにするが、ディドロらフランス啓蒙思想家とフンボルトの自然観には共通する想念がいくつも見出せるのである。

そこでここではわたしの見解と通底するところの多い卓見を表明しているマンゲ以外の研究論文の趣旨を検討しつつ、ディドロらとフンボルトとの関係を考察してみたい。その論文とは、二〇〇三年に、フンボルトのメキシコ到着を記念し、大展示会が開催された際刊行された図録「アレクサンダー・フォン・フンボルト――新世界観[18]」に収録されたふたつの論考を指す。

図録に掲載された論文は十数点に及び、いずれも読みごたえのある論考が含まれているが、ここでは図録全体の巻頭を飾るにふさわしいフランク・ホール「アレクサンダー・フォン・フンボルト再考」と彼の方法論を論じたハイメ・ラバスティド「フンボルト――その世界観[19]」の骨子を紹介してみたい。

F・ホールはフンボルトが新大陸探検で明らかにしたかったのは、「人間と自然の調和的な相関関係」であるとし、自然の力関係、つまり、動物・植物の生きた自然の、死んだ自然への影響の解明に挑んだわけだから、現在の用語でいえば、エコロジー（生態学）の先駆的研究者として彼の業績をたかく評価する。たとえば、いまでは生物多様性 biodiversidad の問題といえようが、『赤道地方紀行』においては、ベネズエラのバレンシアでは、密林の破壊（樹木の伐採）がやがてこの地方にふたつの災害、つまり、木材と水の欠乏をもたらすとフンボルトは予想した。

オリノコ川のウルアーナ島では、イエズス会士によるカメの卵の採取には一定の基準が設けられていたが、後続のサン・フランシスコ会士は浜辺全体を掘り起こしてしまい、年々卵の収穫が減少している、とフンボルトは指摘する。

フンボルトは、自然にあっては、単独の現象というものはひとつもなく、共通のきずながすべての有機的自然を連結している、と考えている。つまり、「すべては相互作用」である、とフンボルトは喝破するのだ。

こうなると、フンボルトの自然観はビュフォンの自然観をうけて、自然は鉱物界、植物界、動物界の大くなってくる。

きな連鎖でなりたっていて、すべては絶えざる生成の過程にあるとしたディドロの自然観にかぎりなく近

ディドロは『自然の釈義にかんする思索』（一七五三年）の中でいう。

「もし諸現象が相互に結ばれていなかったら、哲学はない。よしんば諸現象がすべて結合されていたとしても、現象の各々の状態は恒常性を欠いていることもありうるかもしれない。もしも種々の存在の状態が絶えざる変転の中にあり、いろいろな現象を結びつける鎖があるにもかかわらず自然がまだ作業中であるとしたら、哲学はもはやありえない。われわれの自然科学全体は言葉同様、過渡的なものとなる。われわれが自然の歴史〔博物学〕と解しているものは、一瞬間のきわめて不完全な歴史にすぎない。それゆえ私は問う。金属はそれが現在あるがままのものであったし、永遠にそうであるだろうか、植物はそれが現在あるがままのものであったし、永遠にそうであるだろうか、動物は現在それがあるがままのものであったし、永遠にそうであるだろうか、等々と〔…〕。」

ディドロは続きの段落で次のようにもいう。

「動物界と植物界におけるのと同じく、一つの個はいわばはじまり、成長し、持続し、衰え、死ぬのと同様に、種全体にかんしても同じことが言えないだろうか。[20]」

このように、ディドロは自然界の万物は絶えざる生成状態にある、と考えた。

したがって、鉱物界、植物界、動物界は連鎖しており、そこには神の入る余地は残されていない。こうしてディドロ自身は十八世紀においてはきわめてラディカルな唯物論（一元論）に到達していくのである。

前掲の論考において、F・ホールは、フンボルトの思想をディドロのような唯物論に結びつけることを

していないが、最晩年に執筆した大著『コスモス』において、フランス啓蒙思想とフランス革命に学んだフンボルトは、すべての文化、宗教、人種を尊重して、「人類はひとつ」という思想に達していた、と結論した。

次に、ハイメ・ラバスティド「フンボルト――その世界観」の中身を急いでのぞいてみよう。ラバスティドによれば、『新大陸赤道地方紀行』（以下、『赤道紀行』と略記する）に見られるフンボルトの方法論は全体論 holístico（フランス語では holistique [holisme]）である。すなわち、全体、特に有機体の特性は部分の総和に還元できないとする学説であるとした。

『赤道紀行』にかんしてラバスティドの見るところでは、フンボルトは発話の主体であるとともに、語り的フィクションの人物でもある。彼は自然の景観に熱中し、不当だと見なす社会の変革を望んでいた、とした。

さらに、学問上ではフランスの友人、アラーゴ、ゲ＝リュサック、ラプラスと同じく、近代科学の厳密な環境でフンボルトが教育をうけた点をラバスティドは強調する。

フンボルトの近代的科学の論述主体は合理的主体と考えられ、彼が使用した科学上の器具は彼の感覚器官や知性の延長と見なしていて、自然の力の多様な認識の伸張をはかった、と考えられている。

ラバスティドの論文で注目すべき指摘は、フンボルトの自然認識はガリレオ、デカルト、ニュートンのように、数学的言語で世界を機械論的に把握するのではなく、換言すれば、デカルトのように「運動は単純なものに還元される」と考えるのではなく、ディドロらのように運動は機械的な法則に還元できない、とした点にあるという。ラバスティド論文の主張は、ライプニッツ、ディドロやフンボルトは還元論者ではなかったという点に尽きると思われる。

なお、フンボルトの自然認識の根底には均整の概念があり、多種多様な撹乱がおこるにもかかわらず「コスモスは均整がとれたままであり、撹乱は一時的なものである」と考えられていた、とラバスティドは指摘する。

最後に、これはラバスティドの主張ではないが、フンボルトとディドロとの関係については、前者が後者の書物に目を通していたかいなかを問うよりも、フンボルトの業績は天文学、地理学、地図学、植物学、動物学、歴史学、物理学、薬理学、博物学、経済学、統計学問等を総合した研究、すなわち、現在の用語でいうところのまさに学際的研究であった点をここで強調する必要がある。というのもフンボルトが現地で行った観察には、ディドロが聞けば喜びそうな個所を『赤道紀行』の随所で拾うことができるからである。

「〔…〕ティエラ・フィルメにおける地震及び小アンティル諸島の火山に関する議論において、〔…〕まず多くの個別の事象を報告し、次にそれらを包括して考察した。その結果、地球の内部では、互いに反応しあい、拮抗し、変化する活発な種々の力が作用してしていることが明らかになった。これらの波動や、熱の放射、弾性流体の形成などの原因について不明であればあるほどに、きわめて遠隔の地でもこれらの現象が一様に示す諸関係を研究することは自然学者の責務であろう。[(21)]」

一方のディドロについて、わたしはかつて彼を「百科全書的人間」と称したことがある。すぐれた学者同士の研究道程でよくおこるように、このようなふたりが相互補完しあうのはまさに当然であったというべきであろう。

むすび

当時の欧米においてもっともヨーロッパ的な思考の持ち主と目されたゲーテはイタリアを含めたヨーロッパ圏内での博物学研究に没頭したが、フンボルトはフランス啓蒙思想家やゲーテらが実際訪れることのなかった新大陸の探検を実行し、未知の大陸の現実をヨーロッパに紹介した。

最後にフンボルトの広大な夢が実現されなかったアジア探検にかんしてもふれておきたい。名著『風土』（一九三五年）において和辻哲郎が風土の類型をモンスーン、砂漠と牧場地帯と分類したが、もしもフンボルトがそれらの地帯での探検を実行できていたならば、和辻に優るとも劣らない分析を残してくれたかもしれなかったことだろう。その意味で、フンボルトがガリオン船によるフィリピン行きを計画しながらも断念せざるをえなかった[22]のはその後の世界史的見地から見て、まことに残念と言わざるをえない。

そのフンボルトについては和辻は『風土』では一度も言及しないが、後の『倫理学』においてはこう述べている。

「人間の地理学をはじめて科学的に形成したのは、ヘーゲルと同時代の人で、ヘーゲルよりも二十八年後まで生きたアレクサンダー・フォン・フンボルト（一七六九—一八五九）及びカール・リッター（一七七九—一八五九）である。このフンボルトは兄のウイルヘルムとともに十九世紀初頭のドイツにおける最もすぐれた学者の一人で、有力な政治家でもあった兄ウイルヘルムが文学や言語学の方面で大きな業績を残したのに対して、自然研究者として広汎な範囲にわたり大きい足跡を残した。が、特に注目すべきは、兄ウイルヘルムとともにゲーテやシラーと親しく交わったフンボルトが、根本的な実験を重んずる特殊研究に努力するとともに、また全体的把握への強い衝動をもっていたことである。その点においてわれわれはヘルダー的な精神がこの着実な自然科学者のうちに生きつづけていたことを感ぜしめられる。実際彼の青年時代の著作は、この時代の芸術家的・象徴的・思弁的な物の見方が彼をも捕えていたことを示しているのである。その彼を自然哲学に陥る危険から救ったのは、三十歳の年から六年にわたって試みたアメリカ旅行（一七九九―一八〇四）であった。この旅行はこの後の学術探検旅行の模範となったものであるが、またフンボルト自身もこの旅行によって大学者にまで成熟したのである。この旅行の成果の発表にはほとんど二十年の歳月を要しており、その内容もきわめて多方面にわたっているのであるが、そのなかに風土学的な人間の地理学がふくまれているのである。メキシコやキューバやヴェネズエラの地誌がそれであった。地理学的発見の時代の最も大きな発見地であったメキシコやペルーが、ここで人間の地理学のための最初の研究対象となったことは、決して偶然ではない。フンボルトの仕事は発見の時代にはじまった仕事の完成にほかならないのである。[23]」

鋭い直感の持ち主だった和辻哲郎だけあって、赤道地方紀行においてフンボルトが成就した学術探検の成果を見事にまとめている。当時まだヨーロッパの学者が研究対象としていなかったメキシコやペルーでのフンボルトの調査を和辻が重視したのも注目に価する、といえよう。

とはいえ、フンボルトの多方面にわたる研究成果のなかに「風土学的な人間の地理学がふくまれている」と和辻が指摘するのであれば、風土の三類型モンスーン、砂漠、牧場地域にかんして自らが示した風土学的分析とフンボルトの見解と共通するものがあったのか、あるいは全く別の視点からの彼の分析成果が和辻の関心をひいたのか等々を彼が具体的に指摘してくれなかったのを惜しむのはわたしだけであろうか。

というのもフンボルトの視点は和辻の風土学的地理学をはるかに越えて、南北アメリカと東アジア（＝中国、日本）との交易の将来的可能性、さらにはふたつの大陸が急接近する世界史的な構想にまで及んでいるからである。フンボルトは指摘する。

「商業的見地からの考察に加えて、構想される海洋運河がもたらす結果について、若干の政治的観察も記しておこう。世界の交易が大きく変貌すれば、社会の組織もまた影響を受けずにいられないのが現代文明の状況である。南北両アメリカを結ぶ地峡を分断することに成功すれば、今は孤立していて攻撃されえない東アジアも、不本意ながら、大西洋沿岸に居住するヨーロッパ系人種の諸民族とより密接な関係に入ることになるであろう。赤道海流が砕ける細長い大地こそは、長年にわたって中国と日本の独立を守ってきた防壁であったといえるかもしれない。遠い未来に思いを馳せれば、両世界に交易に開かれた新しい経路を独占的に利用しようとする願望から、強国間に紛争が生じることさえ想像される。君主制および共和制政府の節度に対する信頼も、知性の進歩や利益に関する正当な評価への期待も時として多少揺らぐことがあるから、このような私の危惧を払拭しえない。はるかな将来の政治的出来事についてこれ以上は論じず、社会の幸福を願うわずかな人々の思念に胚胎しているにすぎないものを自画自賛して読者に語ることを控えるとしよう(24)。」

その意味で、フンボルトがガリオン船によるフィリピン行きを最終的に断念せざるをえなかったのをわたしが惜しむのも同じ理由からなのである。

注

（1）『岩波哲学・思想辞典』（一九九八年）p.1432.

（2）『新大陸赤道地方紀行』全三巻（岩波書店、二〇〇一—〇三年）大野英二郎・荒木善太訳。

（3）Charles Minguet, *Alexandre de Humboldt historien et géographe de l'Amérique espagnole 1799–1804*. Nouvelle édition entièrement révisée et refondue (Ed. L'Harmattan, 1997), pp.45–46.

（4）邦訳『新大陸赤道地方紀行』上巻、p.500.

（5）Voltaire, *Essai sur les mœurs*. 2 vol. Edition René Pomeau. t. I, pp.66.

（6）Ichikawa Shin-ichi, "La Nueva España vista por los europeos – el caso de Alejandro de Humboldt y de Henri de Saussure," 早稲田大学地中海研究所編『地中海研究所紀要』第一号（二〇〇三年）pp.6–7. なお、百科全書派と奴隷制の問題については、市川慎一「百科全書派の奴隷制批判（ジョクールを中心として）」『百科全書派の世界』（世界書院、一九九五年）pp.97–129を参照されたい。

（7）Voltaire, *Candide ou l'Optimisme*. Ed. Critique par Chrispher Thacker (Droz, 1968), p.174. ここでは植田祐次訳『カンディード他五編』（岩波文庫、二〇〇五年）の訳文を借用した（pp.364-365）。

（8）Gilbert Chinard, "Le Mirage Américain," dans *Les Réfugiés Huguenots en Amérique* (Les Belles-Lettres, 1925), p. X.

（9）Gilbert Chinard, *L'Amérique et le Rêve exotique dans la Littérature française au XVII*e *et au XVIII*e *siècle* (Droz, 1934), p.353.

（10）ルソー著、本田喜代治・平岡昇訳『不平等起原論』（岩波文庫）p.75.

（11）和辻哲郎全集第十一巻『倫理学（下）』（岩波書店、一九六二年）p.153.

（12）邦訳『新大陸赤道地方紀行』中巻、pp.484–485, p.490.

（13）Alexandre de Humboldt, *Voyages dans l'Amérique équinoxiale* (François Maspero, 1980). 2 vol., t. I., p.49.

（14）Gilbert Chinard, *L'Homme contre la Nature / Essais d'Histoire de l'Amérique* (Hermann, 1949).

（15）Cornélius de Pauw, *Recherches philosophiques sur les Américains* (Berlin, 1770). t. I., p.5 et pp.8–9 ; t. II., pp.166–167.

（16）Alexandre de Humboldt, *Voyages*..., t. II., p.95.

（17）Charles Minguet, *Alexandre de Humboldt, historien et géographe de l'Amérique espagnole 1799– 1804* (François Maspero, 1969), p.67 ; n.10.

（18）*ALEJANDRO DE HUMBOLDT / Una nueva visión del mundo*. / En conmemoración al Bicentenario de la llegada de Humboldt a México. 25 de septiembre 2003—25 de enero 2004. Antiguo Colegio de San Ildefonso.

（19）Frank Holl, "Redescubriendo a Alejandro de Humboldt" (pp.29–36) y Jaime Labastido, "Humboldt : Su Concepto de Mundo" (pp.39–45).

（20）Diderot, *Pensées sur l'Interprétation de la Nature*. dans *Œuvres complètes* (Club Français du Livre, 1969), t. II., pp.768–769.

（21）邦訳『新大陸赤道地方紀行』中巻、p.27.

（22）同下巻 p.195 にフンボルトは次のように書いている。「あまりにも知られていないフィリピン列島のためにはペルーのアンデス山脈をあきらめて、ヌエバ・エスパニャに一年間滞在してから、ガレオン船に乗ってアカプルコからマニラに渡り、バスラとアレッポを経由してヨーロッパに戻る、当初の計画に固執したのである。」

（23）和辻哲郎全集第十一巻『倫理学（下）』p.141.

（24）邦訳『新大陸赤道地方紀行』下巻、p.311.

〔付記〕人文地理学の観点からフンボルトの業績を扱った研究書に西川治氏の次の二書がある。『人文地理学入門——思想史的考察』（東京大学出版会、一九八五年）、『地球時代の地理思想——フンボルト精神の展開』（古今書院、一九八八年）。

前者には「啓蒙思想における風土論」と題された章があるが、フランス啓蒙思想家とフンボルトとの関係についてはモンテスキュー『法の精神』とヴォルテール『諸民族の風習と精神論』〔ママ〕に言及されているだけである（同書 pp. 23–24）。

なお、後者において、フンボルトが中央アジアの探検旅行を計画しながらも果たせなかった理由として氏は次のように推測されている。

「その理由は察するところ、フンボルトがフランス革命に好意的であったこと、また南アメリカにおけるスペイン支配体制に厳しい批判をなしたこと、その眼が今度はインドの植民政策へも向けられることを、イギリス政府の要人たちが恐れたからであろう」（同書 p.27）。これは私にとっては想定外の指摘であるので、わたしの「むすび」とあわせ、読者が参考にされるよう望んでおきたい。（二〇〇六年十一月十六日記）

9

〔書評〕十八世紀を準備した思想家
ピエール・ベールの人と思想

フランスの思想上、フォントネルと共に、ベールは、十八世紀を準備した思想家と言われながら、フランス人にも容易でない文体の故に、長い間、近づきがたい存在だった。このたび、野沢協氏の個人訳になるピエール・ベール著作集が刊行されつつあるのを機会に、氏に教えを乞いながら、この思想家の人と思想を紹介してみたい。

はじめに、ベールの生涯を駆け足でたどっておこう。

ユグノーの受難史の生き証人の観

ピエール・ベールは、一六四七年、ピレネー山脈に近い、アリエージュ県の村、ル・カルラにおいて、新教の牧師の次男として生まれた。その生涯は、文字通り、フランスにおけるユグノーの受難史の生き証人として過ごしたかの観さえあると言えよう。

正式に学業をつんだ長兄ジャコブとちがい、ピエールは、父親の蔵書をたよりに殆ど独学で、ギリシア、ラテン語を修めた後、専ら神学の研究に没頭した。トゥルーズでカトリックに改宗し、すぐにプロテスタントに再改宗したが、「再転落者」に対する取締りはきびしく、一六七〇年には、改革派教会の牙城ジュネーヴへの亡命を余儀なくされる。

ルーアン、パリを経て、後に敵対することになる、改革派教会の理論家ピエール・ジュリゥーの支持を得て、二十八歳にして、セダンの改革派教会アカデミーの哲学教授となった。

一六八一年には、このアカデミーも、王権により、強制閉鎖されると、ジュリゥーと共に、オランダのロッテルダムへの亡命の道をえらび、この地の市立大学の教授に就任する。

ベールがオランダに持ちこみ、無署名で出版したのが、出世作『彗星論』（一六八二年）である。この本の刊行が、フランスにおけるユグノー受難の前夜ともいうべき、ナントの勅令廃止に先立つ三年前であったことは銘記されるべきであろう。

『彗星論』は、フランスの内外で数々の弾圧に苦しむユグノーに好評を博し、翌年、『彗星雑考』と改題され、すぐさま、再版がでた。

一六八四年から、ベールは、書評を中心とする刊誌『文芸共和国便り』の編集も引きうけ、ジャーナリストとしての才能も発揮するが、その後、ジュリゥーと反目し、一六九三年には、ロッテルダム市立大学の教職からも追放された。

以後、本屋からの年金をうけて、一六九六年に、初版が陽の目をみる、有名な『歴史批評辞典』の執筆に没頭し、一七〇六年、亡命先で他界した。

実証的合理主義を神学の問題に持ち込む

歴史的にも重要なモメントに刊行された『彗星雑考』は、全編が誰にでも親しめる書簡体で書かれ、神学に造詣の深い「あなた」と呼ばれるソルボンヌの博士あてに、「架空のカトリックの信者」が彗星をめぐる己の考察を説明するという形式をとっている。

一見すると、本の目的は、彗星がペストや飢餓の原因だとか、彗星がでると戦争がおこるとか、古来から恐れられ、また、近くは一六八〇年にでた彗星にまつわる迷信をうちくだくことにあるかにみえる。事実、読者は、その天文学的、物理学的博識にものをいわせて、彗星の出現と地上の禍福とは無関係であることや、また、神がこのような奇蹟（彗星）をおこし、異教徒に天罰を課すことなど神にふさわしくないことを論証しようとする「架空のカトリック教徒」の執拗さと凄まじさに舌をまかざるをえない。

けれども、やがて読者の目に明らかに映るのは、この覆面の主人公をあやつり、デカルト流の実証的合理主義を神学の問題に持ち込んだベールの姿だろう。フランスの国外在住の、ユグノーの採るべき戦略的路線をめぐるジュリゥーとの論争（『彗星雑考付記』として著作集第一巻に収録）において、ベールがその真骨頂をあらわすのも、論敵を小気味よく裁断していく、この研ぎ澄まされた実証的批判精神なのだ。

注意深い読者は、ベールが異教徒の間にみられる迷信や偶像崇拝を論破する条りが、後にジュリゥーとの論争で明らかにされるように、実は、ローマ・カトリックを「からかっている」ことに、やがて気付くであろう。

すると、ベールが「偶像教徒と無神論者の比較論」において、エピクロス、ヴァニーニ、スピノザといった無神論者の有徳な行為を列挙し、彼らが、偶像教徒ほど悪くはないのだとなに故にこれほどまで執拗に論証しようとしているのかがのみこめてくる。要するに、偶像教徒とは祭や儀式のような擬似宗教的行為に甘んじるカトリック教徒を指し、無神論者とは、これらを排し、内面的信仰に生きるプロテスタントを多分に、含めていることが明白になる。

こう考えると、「ナントの勅令廃止」という歴史上の事件も、異教の祭や儀式を多数取入れ、奇跡を濫造した「法王教徒」（カトリック）が、専ら内面的聖化を重視する「負の聖徒」（野沢氏）に、にせの仮面をはがされる危惧から、ユグノーの撲滅に乗り出さざるをえなかったという、プロテスタント弾圧の論理的帰結として読みとれることも、ベールは教えている。

ナントの勅令廃止後にでた『ルイ大王のもと、カトリック一色のフランスとは何か』（一六八六年／著作集第二巻『寛容論』に所収）には、ドラゴナード（軍隊によるユグノー弾圧）の凄惨な情景がヴィヴィドに描破されているが、これは、フランス国内にとどまり、王権の犠牲となった実兄ジャコブへの鎮魂歌とも考えることができよう。

並の翻訳でない野沢氏の個人訳

終生、熱烈なキリスト教の護教論者であったピエール・ベールをめぐる解釈は、フランスでは、カトリック的、プロテスタント的、無神論的リベルタンの流れがベールに収斂されるとするルネ・パンタール氏やディドロ、ドルバックらの啓蒙思想家の先駆者と見倣すデルヴォルヴェらの把え方が有名であったが、野沢氏は文献学者のラブルース女史の業績を批判的に踏まえながらも、レックスの解釈に共感をもたれているようである。氏は、十八世紀思想の様々な萌芽を宿すピエール・ベールを自由思想家や啓蒙思想家（フィロゾーフ）に結びつけるだけではでてこない、同時代におけるベールの思想史的位置づけをされ、世界的レベルで、ベール研究を前進させられたと言えるであろう。『彗星雑考』をはじめ、『寛容論』を

「宗教論争書」として当時の神学的、歴史的、社会的コンテクストに引き戻し、これらの著作がもちえた意義を考察されたのが、「解説」の「『彗星雑考』の共時的読み」である。二巻目の「解説」も、ナントの勅令廃止の歴史的背景やジュリゥーとベールの対立を共時的次元で掘りおこしていて、興味深い。この意味で、ピエール・ベール著作集は、並の翻訳ではないことを、最後に力説しておきたい。（全七巻の第一・二回配本、野沢協訳・解説、A５判、『彗星雑考』七一八頁、『寛容論集』九二四頁、法政大学出版局）

あとがき

本書は拙著『百科全書派の世界』（世界書院、一九九五年）に続き、フランス十八世紀の思想・文学にわたしが取り組んだ二冊目の論集である。とはいえ、全体は一貫したテーマを追究した本ではなく、巻末の初出一覧にしるされているように、岩波書店の雑誌『思想』や勤務校の紀要等に発表した論考を再録したモザイク風の単行本にすぎない。

なぜ今ごろ、このように色褪せた拙論を一本化したのかという、きわめて予想しやすい問いにはとりあえずこう答えておきたい。

第一の理由は、これまで三十数年にわたり在職した勤務校を二〇〇七年三月で定年退職するからであり、第二の理由としてはこれを期に本書をまとめることで、わたしの研究生活にひとつの区切りをつけたいという思いがあったからである、と。

とはいえ、これまで執筆した拙論を読み返してみて、わたし自身あちこち書き直しせねばならない個所が多々あることに気付いてはいるけれども、そうした不備な点にかんして、いまはすべて目をつぶることにした。というのもそれを気にしていると今後いつ出版できるのかというメドがまったくたたないからである。

わたしが本書で扱ってみたかったテーマ等については、畏友鷲見洋一氏が身に余る懇切丁寧な解説（「序文」）を書いて下さったので、わたしの方から付け加えることはなにもない。彼とはフランス留学時代から肝胆相照らす仲であり、「序文」ではわたしのよく用いる表現でいえば、氏の目に映じたわたしの「迷景」をお書きくださり感謝しているが、読者はすべてを真にうけないようにあえてわたしからお願いする次第である。

本書をまがりなりにも通読できるように仕上げてくださったのは、初校ゲラを詳細に点検してくださった知友平野実氏（東海大学講師）と妻、富子の温かい協力のおかげである。両人には衷心より感謝したい。次に、版元に本書出版を提案してくださった早稲田大学政治経済学部の佐藤正志教授、さらには同学の僚友で、「出がらし」のロートルをいつも励ましてくれた早大理工学部但田栄教授に、この場を借りて厚くお礼を申し上げたい。

最後に、このような市場価値のとぼしい本の刊行を快諾して下さった新評論、さらには本書刊行のすべての段階で細心のご高配をいただいた同社編集部の吉住亜矢氏にも満腔の謝辞を申し上げる次第である。

二〇〇七年二月、北品川にて

市川慎一

＊　本書の刊行に際して、二〇〇六年度の早稲田大学学術出版補助費（Waseda University Academic Publications Subsidy）を受けることができた。早稲田大学にたいして、ここに謝辞を記す次第である。

初出一覧

1　ヴォルテールにおけるシナと日本の幻影
『思想』1978年7月号（No. 649）「特集　ルソー／ヴォルテール」pp. 154–171.

2　ディドロにおける政治思想の粗描
小笠原弘親・市川慎一編著『啓蒙政治思想の展開』（成文堂，1984年）pp. 111–141.

3　ディドロとエカテリーナ二世——十八世紀における一つのロシア体験
『思想』1984年10月号（No. 724）「ディドロ——近代のディレンマ　没後200年」pp. 87–108.

4　ディドロとラヂーシチェフ——エカテリーナ二世をめぐって
中川久定編『ディドロ，18世紀のヨーロッパと日本』（岩波書店，1991年）pp. 120–127.

5　ルソーと啓蒙思想
『歴史読本WORLD』特別増刊1989年7月・フランス革命とナポレオン　フランス革命200年記念（新人物往来社，1989年）pp. 38–43.

6　ルソーにおける人間観と教育観——ディドロと比較して
早稲田大学大学院研究科紀要第46輯（2001年）pp. 1–12.［仏文論考の反訳］

7　ある亡命貴族の目に映じたフランス革命——セナック・ド・メイヤン『レミグレ』の場合

『思想』1989年7月号（No. 781）「テクスト／革命／芸術　フランス革命200年」pp. 60–71.

8　アレクサンダー・フォン・フンボルトとフランス啓蒙思想家

早稲田大学大学院研究科紀要第52輯第2分冊（フランス文学）（2007年）pp. 1–12.

9　〔書評〕十八世紀を準備した思想家―ピエール・ベールの人と作品

「野沢協個人訳ピエール・ベール著作集第1巻『彗星雑考』，第2巻『寛容論集』についての書評」『週刊読書人』1980年4月7日（第1326号）。

市川慎一　欧文論文リスト

1) «Le Japon vu par les Encyclopédistes (1)...Diderot et son Article *Japonais* de l'*Encyclopédie* : un essai d'identification» dans *General Studies*. No. 46 (1974). pp. 73–90.

2) «Les Mirages chinois et japonais chez Voltaire» dans *Raison présente.* (Paris). No. 52. (oct. nov.–déc. 1979). pp. 69–84.

3) «Traduire Diderot en japonais» dans *Interpréter Diderot aujourd'hui*. Direction E. de Fontenay / J. Proust (Le Sycomore, 1984). pp. 266–273. [Communication au Colloque Diderot organisé par le Centre culturel international de Cerisy-la-Salle. 1983].

4) «Diderot et Radichtchev autour de Catherine II» dans *Annales de Littérature comparée.* Vol. XXI. (1985). pp. 18–27.

5) «Diderot et Radichtchev autour de Catherine II» dans *Diderot / Le XVIIIe siècle en Europe et au Japon*. Actes recueillis par Hisayasu NAKAGAWA. (Centre Kawaï pour la culture et la pédagogie, Nagoya, 1988). pp. 149–158. [Communication au Colloque franco–japonais / Université de Kyoto (19–23 novembre 1984).

6) «Sénac de Meilhan face au suicide à la lumiere de quelques Japonais modernes» dans *La Révolution française et la Littérature*. Présentée par Hisayasu NAKAGAWA. (Presses universitaires de Kyoto, 1992). pp. 166–174. [Communication au Colloque international du bicentenaire 13–14 octobre 1989 à Kyoto].

7) «Les distorsions du Japon moderne vues à travers le roman de SHIBA Ryôtarô, *Les nuages au-dessus de la pente*.» [Conférence faite le 22 mars 1993 à l'Université Charles (Prague, République Tchéque)] dans *Annales de Littérature comparée.* Univ.Waseda. Vol. 30. (1994). pp. 1–16.

8) «Du Français au Japonais par le truchement du Hollandais. Difficultés ren-

contrées par nos premiers traducteurs : à propos de la *Nouvelle Méthode des Langues Françoise et Hollandoise* par Pieter Marin» [Communication faite le 7 septembre 1993 à l'Université des langues étrangères de Pékin au cours du Colloque de Beijing '93.] dans *Bulletin of The Graduate Division of Literature of Waseda University.* No. 39. (1993). pp. 15–27.

9) «OE Kenzaburô et Jean–Paul Sartre–autour des problèmes de "l'époque nucléaire"». [Conférence faite sous le titre «L'impegno politico di OE Kenzaburô e il suoi riflessi nella produzione letteraria dello scrittore» le 26 mars 1996 à l'Université de Rome «La Sapienza» dans *Etudes françaises.* Section de Français. Univ.Waseda. No. 4. (1997). pp. 157–173.

10) «Diderot au Japon à l'époque Meiji et Taîshô» dans *Ici et ailleurs : le dix-huitième siècle au présent / Mélanges offerts à Jacques Proust.* Textes recueillis et publiés par Hisayasu NAKAGAWA, Shin-ichi ICHIKAWA, Yoichi SUMI, Jun OKAMI. (France-Tosho, Tokyo, 1996). pp. 73–80.

11) «Le premier contact des Japonais avec la langue française et son destin avant la Restauration de Meiji» [Exposé fait le 2 avril 1996 à l'Ecole d'interprètes internationaux. Université de Mons.] dans *Bulletin of The Institute of Language Teaching.* Waseda University. No. 52. (1997). pp. 1–13.

12) «Pour mieux comprendre OE Kenzaburô, tel qu'il est vu par un contemporain japonais» [Conférence faite sous le titre «OE Kenzaburô, prix Nobel de littérature 1994 et la modernité japonaise» le 3 avril 1996 à l'Université de Mons-Hainaut]. dans *Goken Forum.* No. 5. (1997). pp. 87–105. (The Institute of Language Teaching. Waseda University, 1997).

13) «Le début de l'apprentissage de la langue française par les Japonais avant la Restauration de Meiji» [Communication au IXe Congrès mondial des professeurs de français, Tokyo, Japon. 25–31 août 1996]. dans la revue *Dialogues et Cultures*. No. 41. (1997). pp. 229–231.

14) «A propos du séjour du père Forcade dans le Royaume des Ryûkyû en 1844 –1846» dans *Goken Forum.* No. 7. (1997). pp. 47–50.

15) «Hommage à notre regretté Professeur Paul Hoffmann par ICHIKAWA Shin-ichi», préface à Paul Hoffmann, *La liberté politique chez Jean-Jacques*

Rousseau–Ecrits posthumes–édités et traduits sous la direction de TADA Sakaé (Geirin-Shobo, Tokyo, 1997). pp. 5–8.

16) «OSHIRO Tatsuhiro, romancier historique d'Okinawa» [Conférence faite sous le titre «Lo scrittore OSHIRO Tatsuhiro e il romanzo storico di Okinawa» le 8 avril 1997 à l'Université de Rome «La Sapienza»] dans *Annales de Littérature comparée.* Univ. Waseda. No. 34. (1998). pp. 1–13.

17) «Diderot est–il traduisible en japonais– le cas du *Neveu de Rameau*?» [Communication faite le 10 avril 1997 à l'Université de Lausanne dans le séminaire dirigé par le professeur Claude Reichler] dans *Etutes Françaises.* No. 5. (1998). pp. 43–57.

18) «Visite à Aubenas de la maison natale de Léonce Verny, fondateur de l'Arsenal de Yokosuka» [Conférence faite le 27 mars 1998 à l'Institut d'études politiques d'Aix-en-Provence] dans *Goken Forum.* No. 8. (1998). pp. 201–210.

19) «Les problèmes historiques et culturels de la traduction au Japon» [Conférence faite le 2 avril 1998 au Département de Traduction et d'Interprétation de l'Université de Salamanque (Espagne) dans le cadre du séminaire du professeur Roberto Dengler] dans *Bulletin of The Institute of Language Teaching.* Waseda University. No. 54 (1999). pp. 101–115.

20) «Les problèmes de la traduction et la modernité japonaise» dans *Cahiers internationaux de symbolisme.* Nos. 92–93–94 (Mons, Belgique, 1999). pp. 91–100.

21) «OE KENZABURO, PREMIO NOBEL DE LITTERATURA 1994, VISTO POR UN CONTEMPORANEO JAPONAIS» [Conférence faite sous le titre «Oe Kenzaburô y la Modernidad Japonesa» le 31 mars 1998 à l'Université autonome de Madrid] dans *Bulletin of The Graduate Division of Literature of Waseda University.* No. 44. (1999) pp. 19–32. [Version espagnole du No.12.]

22) «OE Kenzaburô y Jean-Paul Sartre : en torno a los problemas de la época nuclear» dans *Goken Forum.* No. 11. (1999). pp. 105–122. [Version espagnole du No. 9.].

23) «Positive and negative aspects and current consequences of translation since the modernization of Japan» [Communication faite en français et en

anglais le 1er septembre 2000 à l'Université de Montréal au cours du 36 e ICANAS 2000] dans *Bulletin of The Institute of Language Teaching.* Waseda University. No. 56. (2001). pp. 21–34.

24) «La conception de l'homme et de son éducation chez Rousseau et Diderot» [Conférences faites le 23 août 2000 à l'Université Laval et le 7 septembre 2000 à l'Université de Wisconsin (Etats-Unis)]. dans *Bulletin of The Graduate Division of Literature of Waseda University.* No. 46. (2001). pp. 1–12.

25) «La conception de l'Homme chez Rousseau et chez Diderot» dans *Des Cultures et des Hommes. (Mélanges à Marcel Voisin).* (Ed. IPH, 2001). pp. 135–139.

26) «Traduction et modernisation au Japon» dans *Dialogues et Cultures.* No. 45. "Modernité, diversité, solidarité" / Actes du Xe congrès mondial des professeurs de français, Paris 17–21 juillet 2000 (2001). t. 1. pp. 469–471.

27) «Les Premières Missions Militaires Françaises vues par les Japonais de l'époque de Meiji» dans *Revue Historique des Armées*. No. 224. (Sept. 2001). pp. 55–64.

28) «Further Thoughts on Translation in Japan as Compared with the French Tradition» dans *Bulletin of the Institute of Language Teaching*. Waseda University. No. 57. (2002). pp. 155–174.

29) «Du nouveau sur la traduction au Japon comparée avec la tradition française» dans *Etudes Françaises*. No. 9. (mars, 2002). pp. 210–228.

30) «Pour mieux comprendre OE Kenzaburô» dans la Revue *hopala! débats de Bretagne et d'ailleurs.* No. 11. juillet-octobre 2002. pp. 64–70. [Reprise du No. 12].

31) «La Nueva España vista por los europeos–el caso de Alexandre de Humboldt y de Henri de Saussure» dans *The Bulletin of the Institute for Mediterranean Studies.* Waseda University. No. 1. (2002). pp. 1–15.

32) «OE Kenzaburô et Jean-Paul Sartre (suite) : *Le Saut périlleux* (1999) ou la désaffection d'OE pour la doctrine littéraire sartrienne» dans *Etudes Françaises*. No. 10. (mars, 2003). pp. 188–197.

33) «OE Kenzaburô y Jean-Paul Sartre (II) : la desaficción de OE por la doctrine

literaria de Sartre ; a propósito de su nueva novela, *Chugaeri* o *El Salto Mortal* (1999)» dans *Goken Forum*. No. 18. pp. 1–9. [Version espagnol du No. 32.]

34) «Los gobernantes japoneses vistos por los españoles en vísperas de la política de cierre del país (en el siglo XVII)» dans *Bulletin of Gakushuin Women's College*. No. 5. (2003). pp. 61–70.

35) «Los galeones de Manila y los gobernantes japoneses del siglo XVII» en *The Bulletin of the Institute for Mediterranean Studies.* Waseda University. No. 2. (2004). pp. 1–13.

36) «La evolución histórica y actual de Okinawa vista por OSHIRO Tatsuhiro» en *Bulletin of Toho Gakuen college*. Vol. XXII. (2004). PP. 133–147. [Version espagnole du No.16].

37) «Further Thoughts on Translation in Japan as Compared with the French Tradition» dans *Histoire de la traduction-History of Translation.* / Conception et realization Jean Delisle et Gilbert Lafond. (Université d'Ottawa-University of Ottawa / Ecole de traduction et d'interprétation - School of Translation and Interpretation, 2004). [Reprise du No.28. Un CD-rom multimedia-A Multimedia CD-rom]. 12 p.

38) «Deus n'est pas un *kami* ou un essai sur Xavier avant son arrivée au Japon et sur Deus traduit en japonais, *Dainichi*» dans *Bulletin of The Graduate Division of Literature of Waseda University.* No. 49. (2004). pp. 37–49.

39) «Deus no es un *kami*, o ensayo sobre la traducción japonesa de Deus como *Dainichi* antes de la llegada de Francisco Javier a Japón» dans *Bulletin of Gakushuin Women's College*. No. 6. (2004). pp. 41–54. [Version espagnole du No.37].

40) «Acadia, Past and Present» dans *Bulletin of The Canadian Literary Society of Japan*. No.12. (2005). pp. 40–41.

41) «Deus is not a *kami*, or an essay on Deus translated into Japanese, *Dainichi*, before Francis Xavier's arrival in Japan» dans *Philosophy and Ritual in Asian Culture–Essays in Honour of Dr Fumimasa-Bunga Fukui on His seventieth Birthday–* (Shunjû-Sha, Tokyo, 2005). pp. 1–17. [Version anglaise du No.37].

42) «Aux mânes de Jacques Proust (1926–2005)» dans *Etudes Françaises*. No. 13. (2006). pp. 65–72.

43) «La Mission Iwakura (1871–1873) et la France–ce que virent en Europe les Japonais de l'époque Meiji–» dans *The Bulletin of the Institute for Mediterranean Studies*. Waseda University. No.4. (2006). pp.119–129.

44) «La Guerra Ruso-Japonesa vista por SHIBA Ryôtarô, el gran novelista histórico japonés» en *Bulletin of Gakushuin Women's College*. No. 8. (2006). pp. 101–114. [Version espagnole du No. 7 avec un résumé en anglais].

著者紹介

市川慎一（いちかわ　しんいち）

1936年東京生まれ。早稲田大学第一文学部卒業。現在，早稲田大学文学部教授。18世紀フランス思想・文学および比較文化専攻。慶應義塾大学特別招聘教授，マドリッド・アウトノマ大学客員教授を歴任。
主著に『百科全書派の世界』（世界書院），『アカディアンの過去と現在—知られざるフランス語系カナダ人』（彩流社），訳書にJ.プルースト『百科全書』（共訳，岩波書店），同『フランス百科全書絵引き』（共訳，平凡社），D.モルネ『十八世紀フランス思想』（共訳，大修館書店），H.ペリュショ『マネの生涯』（共訳，講談社），Y.テリオー『アガグック物語—極北に生きる』（共訳，彩流社），G.アンゴルド『クリスタルのペーパーウエイト』（美術出版社）などがある。

啓蒙思想の三態
ヴォルテール、ディドロ、ルソー

（検印廃止）

2007年3月20日　初版第1刷発行

著　者　市川慎一
発行者　武市一幸

発行所　株式会社　新評論

〒169-0051 東京都新宿区西早稲田3-16-28
http://www.shinhyoron.co.jp

TEL　03（3202）7391
FAX　03（3202）5832
振替　00160-1-113487

定価はカバーに表示してあります
落丁・乱丁本はお取り替えします

装幀　山田英春
印刷　新栄堂
製本　清水製本プラス紙工

ISBN978-4-7948-0725-0
Printed in Japan